Rugadh Fionntán de Brún i mBéal Feirste i 1969 agus is ann atá sé ina chónaí ó shin. Bhain sé céim amach sa Cheiltis agus sa Fhraincis i 1992 agus tá sé ina léachtóir i Roinn na Gaeilge, Coláiste Ollscoile Naomh Muire, Béal Feirste ó 1998. D'fhoilsigh An Clóchomhar saothar critice leis ar shaothar Sheosaimh Mhic Grianna, *Seosamh Mac Grianna: An Mhéin Rúin* (2002) agus tá go leor alt foilsithe aige ar litríocht na Gaeilge.

Tá sé pósta ar Jacaí agus tá triúr páistí aige, Dónal, Lochlann agus Eoghan.

Bhain an cnuasach gearrscéalta *Litir ó mo Mháthair Altrama agus scéalta eile* duais Bhord na Leabhar Gaeilge in Oireachtas na Gaeilge 2004. Bhuaigh 'An Cumann Drámaíochta' duais litearta *An tUltach* i 2003 agus ainmníodh an scéal 'Kango' don chomórtas *Nuascéalaíocht*, atá á reachtáil ag *Foinse*.

Foilsíodh 'An Cumann Drámaíochta' cheana in *An tUltach*, Iúil 2003; foilsíodh 'Kango' cheana ar *Foinse*, Bealtaine 2004; foilsíodh 'Scáthchuairt' cheana ar *Lá* faoin teideal 'Otharchuairt', Meitheamh 2004; agus foilsíodh 'Mar a Fuair an tÚdar Bás' in *Bliainiris 2004*.

LITIR
Ó MO MHÁTHAIR
ALTRAMA
agus scéalta eile

Fionntán de Brún

MÓINÍN

An Chéad Chló 2005, MÓINÍN
Loch Reasca, Baile Uí Bheacháin, Co. an Chláir, Éire
Ríomhphost: moinin@eircom.net
www.moinin.ie

Aithníonn MÓINÍN tacaíocht airgid
Bord na
Leabhar Bhord na Leabhar Gaeilge.
Gaeilge

Tá taifead catalóige i leith an leabhair seo ar fáil
i Leabharlann Náisiúnta na hÉireann agus i leabharlanna
éagsúla de Ollscoil na hÉireann.

Tá taifead catalóige CIP i leith an leabhair seo ar fáil
i Leabharlann na Breataine.

ISBN 0-9532777-7-1

Arna phriontáil agus cheangal ag Clódóirí Lurgan,
Indreabhán, Co. na Gaillimhe

Leagtha i bPalatino 11/15pt

Clóchur le Carole Devaney
Dearadh Clúdaigh le Alanna Corballis

CLÁR

Do Jacaí

Litir
ó mo Mháthair
Altrama

Litir ó mo Mháthair
Altrama

Rugadh ar an dara lá déag de Mhí an Mheithimh 1953 thú, lá grianmhar i dtús an tsamhraidh. Bhí mé ag amharc amach ar fhuinneog traenach an lá sin ar na tailte ba mhéithe dá bhfaca tú riamh agus ar phaistí scaipthe airgid mar a raibh locháin thánaí drúchta ina luí ar an fhéar. Bhí sé mar a bheadh ré úr órga ann an lá sin ina raibh maise ar an rud ba shuaraí amuigh — cúlsráideanna oirthear Bhéal Feirste a bhí dubh le toit agus le súiche, agus gan fiú an duine ba ghioblaí san áit nach raibh cuma bhláfar air dá ainneoin féin. Agus shílfeá go raibh oireas ag achan duine go raibh tú ag teacht; daoine a bhí amuigh ag ceannach earraí sa bhaile mhór, daoine a bhí ag obair sna páirceanna ag baint féir, níor léir dom ach a n-aghaidheanna geala solasta ag tréaslú liom go raibh mo lása ann fá dheireadh. Gach rud a chonaic mé agus gach rud a tharla dom an lá sin bhí sé ina chomhartha agam gurbh é seo báire na fola.

Thit néal orm i ndiaidh tamaill óir bhí oíche fhada gan chodladh agam. Bhí mé ag brionglóideach fá na rudaí uilig a tharla sa bhliain roimhe sin, an dóigh ar casadh Ned orm agus an obair a bhí déanta agam leis an seomra cúil a dhéanamh réidh duit. Ní raibh lámh rómhaith ag Ned ar an obair agus ní fhanadh sé i bhfad ina chionn cibé. Nuair a bhí mise ag cur péinte ar na ballaí bhí lámh s'aigesean i mo sparán ag goid cibé pingneacha a bhí ansin agus ní fhaca mé ina dhiaidh sin é.

Bhí an traein ag tarraingt ar Dhún Dealgán nuair a mhúscail mé agus bhí lucht an Chustaim ar bord. Shleamhnaigh mé siar sa suíochán agus thosaigh ag stánadh amach ar an fhuinneog.

Ní raibh neart ag Ned ar a nádúr féin, bhí sé lag dála na bhfear uilig a casadh ormsa. Ina dhiaidh sin, b'fhéidir gur mise a bhí lag ó tharla gur ghlac mé le leithéidí Ned. Is cinnte nár lean mé mo mháthair cibé — sin an bhean a chuirfeadh múineadh ar na fir. Is minic a chaoin mé san oíche ag smaoineamh uirthi ina seasamh sa chistin ag fuineadh aráin agus na méara móra sin uirthi a raibh cuislí orthu mar a bheadh cruimheanna ann.

Ní fhaca mé mórán den taobh tíre idir Dún Dealgán agus Baile Átha Cliath leis an tuirse a bhí orm. Sin mar ab fhearr é, ar ndóigh, óir nuair a shiúil mé amach trí stáisiún Bhaile Átha Cliath chuir sé an fhuil ag borradh ionam. Slua mór coimhthíoch agus gan aithne ag aon duine orm. Rinne mé riail bheag dom féin gan labhairt le duine ar bith acu dá mb'fhéidir ar chor ar bith é. Bhí a fhios agam go maith uaireanta na dtraenacha, óir bhí siad scríofa amach agam ar bhlúire páipéir, agus ní bheadh feidhm dom béile a cheannach óir ní raibh mo ghoile agam.

Níl a fhios agam ar chor ar bith cad é a tharla an chéad leathuair sin i mBaile Átha Cliath dom. Bhí mé ag siúl liom gan aird agam ar rud ar bith agus gan fios agam cá raibh mé ag dul. Bhí an anáil ag teacht chomh gasta sin liom go raibh mo shúile ag dó sna mogaill. Agus i rith an ama sin an teas a bhí sa lá! Ach ab é go ndeachaigh mé isteach i leithreas poiblí agus go bhfuair mé deoch ón sconna, thitfinn i mo chnap ar an chasán fán am sin. Ar mo bhealach siar Sráid Pharnell bhí a fhios agam go raibh thart fá leathuair a chloig fágtha agam. Thosaigh mé ag éirí buartha nach bhfaighinn ar chor ar bith thú agus go mbeadh agam le traein a fháil liom féin go mall tráthnóna.

Ansin, i mbéal na séibe, chonaic mé uaim thú, i do luí sa phram taobh amuigh den siopa poitigéara sin. Shiúil mé chugat go mall sa dóigh go mbainfinn fad as an iontas a bhí romham. Tharraing mé siar an canopé beag go bhfeicfinn thú agus go mothóinn an boladh cumhra a bhíonn ar éadaí linbh. Ba mhaith liom dá dtuigfeá an mothú a tháinig orm nuair a fuair tú greim ar mo mhéar — níl taisce ar bith ar domhan atá inchurtha le leanbh úr, leanbh nach bhfuil smál ar bith ar a anam. Ansin, nuair a thóg mé tú amach as an phram, ní raibh smid asat.

Ag siúl ar ais chuig an stáisiún dom agus tú ar bhacán mo láimhe liom, bhí mé sa ghlóir. Déarfainn gur chuir an slua sonrú ionainn ar an tsráid, mise ag gáire agus ag tuisliú liom le driopás, tusa ag stánadh gan stad idir an dá shúil orm. Bhí sé deich go dtí a trí nuair a bhain muid an stáisiún amach, go leor ama le toitíní a cheannach. Chuir bean an tsiopa suim mhór ionat, ar ndóigh — babaí galánta, máthair ghealgháireach — cé nach gcuirfeadh suim ionainn?

"C'ainm atá air?"

Stop mé. Mark a bhí mé ag iarraidh a rá ach 'Mike' a tháinig amach. Rinne sí gáire. Sciob mé an briseadh amach as a lámh agus shiúil liom síos an t-ardán chuig an traein.

Thosaigh mé ag síothlú beagán nuair a shuigh mé isteach sa charráiste ag caitheamh toitín, thosaigh mé ag déanamh dearmaid den sreamach sin. Ansin, tháinig suaimhneas millteanach chugam nár mhothaigh mé go dtí sin, nó bhí an ga gréine ar chlár m'éadain agus fios agam go raibh an saol uilig romhainn cibé mar a chaithfimis é. Cá háit a dtosóinn? Cad é an chéad phléisiúr a bhí romhainn? Bhí mearbhall i mo cheann leis an áthas a bhí ag tonnadh aníos ionam — níorbh fhéidir le duine suí go socair agus rún a dhéanamh den ghliondar a bhí orm sa bhomaite sin. Sa deireadh, d'éirigh mé go siúlfainn go ceann na traenach agus ar ais ag iarraidh mé féin a shocrú. Shiúil mé liom síos an pasáiste cúng agus an codladh gliúragáin ag imeacht as mo chosa leis an choiscéim. Chumhdaigh mé do shúile nuair a tháinig an ghrian isteach dár ndalladh, ar theacht amach as tollán don traein, agus tháinig an chuma sin ort a bhíonn ar leanaí óga nuair a bhíonn a fhios acu go bhfuil tú á gcosaint ó anacair éigin nach dtuigeann siad.

Ach nuair a fhágann tú carráiste i dtraein ní bhíonn sé furasta teacht ar ais chuig an áit a raibh tú, agus níorbh é an carráiste céanna é a ndeachaigh mé isteach ann ar mo bhealach ar ais ach carráiste eile a raibh bean agus gasúr ina suí ann.

Níl a fhios agam cad é mar a tharlaíonn sé mar sin — go dtéann tú isteach san áit chontráilte nó go dtig duine isteach i do shaol nó go n-imíonn siad uait gan choinne, mar a d'imigh mo mháthair agus Ned uaimse. Ach ba é an mothú céanna é a fuair mise nuair a chuaigh mé isteach sa charráiste chontráilte an t-am sin. Ba é an donas é gur éirigh mé ar chor ar bith in ionad fanacht san áit a raibh mé sa mheisce bhrionglóideach áthais sin.

Chomh luath agus a chuir mé cos isteach sa charráiste sin taoscadh achan unsa muiníne agus áthais as mo chorp agus, ar ndóigh, nuair a d'amharc mé suas ar an bheirt a bhí ina suí os ár gcoinne, bhí siad do mo scrúdú gan eagla gan náire. Bean de na mná seo a bhí sa mháthair nach samhlódh choíche nár chóir bheith ag baint na súl as strainséar. Stán sí agus stán sí, agus an mac mar an gcéanna, gasúr deich mbliana d'aois nó mar sin agus é ar bís leis an *specimen* seo a bhí roimhe mar a bheadh damhán alla nó ciaróg i bpróca aige agus é á scrúdú.

Thosaigh mé ag amharc ó dhuine go duine acu féachaint le beaguchtach a chur ar dhuine amháin acu ar a laghad. Ach ní raibh gar ann. Sa deireadh, shuigh mé ag stánadh ar an bhean agus ar a haghaidh mhór chraorag a bhí ag dó le fiosracht. Tusa a chuir deireadh leis an tost nuair a thosaigh tú ag caoineadh. Bhí ocras ort, ar ndóigh, agus ní raibh dóigh ar bith agamsa le tú a chothú. Rinne mé a dtiocfadh liom le tú a chealgadh agus a shuaimhniú ag dúil is go dtitfeadh néal beag ort. Ach níor thit. Dá mbeimis linn féin, thitfeá i do chodladh ach bhí súile na beirte sin sáite ionainn i rith an ama. Nuair a d'amharc mé ar an ghasúr, bhí na lámha ar a chluasa aige agus meangadh mór gáire air. Bhí an mháthair a bhroideadh ach bhí sí bródúil as a chuid mioscaise. Creidim gur tuirse a tháinig ortsa sa deireadh, nó bhí tú ag smeacharnach agus na súile ag titim ort go dtí gur shíothlaigh tú agus gur thit i dtromshuan.

Níl a fhios agam cad mar a d'éirigh liom a dhéanamh, ach níor chorraigh mé ar feadh an chuid eile den turas sin ar eagla go músclófá agus go dtósódh an screadach phianach sin. Thug mé neamhaird ar an slodán allais a raibh mé i mo shuí ann agus ar an léine a bhí greamaithe de mo dhroim nó gur fhuaraigh an t-allas agus gur thriomaigh sé. Bhí a fhios agam go mbeadh an sracadh ionam nuair a thiocfadh an t-am agus mhothaigh mé mé féin ag éirí dalba arís agus mé ag stánadh ar ais ar an chlupais sin a bhí os mo choinne, í ina suí ansin faoina hata beag saor agus na coirníní beaga bealaithe ag gobadh aníos as. Dar liom nár dhochar ar bith domsa í ná duine ar bith eile dá cineál agus chuir mé comhrá uirthi leis sin a thabhairt le fios di. D'fhiafraigh mé di

cad é an gnó a bhí aici i mBaile Átha Cliath ach ní raibh
ann ach nár bhac sí le freagra a thabhairt orm. Ina áit sin,
thosaigh na ceisteanna ag tonnadh uaithi faoin bhabaí —
cad í an aois a bhí tú? An raibh tú cosúil le do dhaidí? An
raibh deartháir na deirfiúr ar bith agat? Ar chodail tú san
oíche? Tháinig an seanmhothú ar ais mar a bheadh
cnaíghalar ann agus bhí mé mar a bheinn liom féin i
gcónaí.

Bhí an traein ag moilliú agus bhí daoine ag imeacht
amach as na carráistí agus ag bailiú málaí agus bearta le
dul amach ar an ardán. Mhothaigh mé mo bholg ag
tarraingt in éadan ghluaiseacht na traenach agus thug
mé in amhail suí tamall eile go n-imeodh an scaifte. Ach
bhí an bhean ansin i gcónaí ag cur ceiste orm fán phram
agus an gcuideodh sise liom agus an mbeadh aon duine
ag teacht i m'araicis?

D'fhág mé an traein sa deireadh agus, i ndiaidh gach
rud a tharla, níor chaoin tú ar chor ar bith.

Ní maith liom smaoineamh ar an chuid eile den lá
sin. Tá a fhios agat féin ar scor ar bith, agus déarfainn dá
mbeifeá leis na nuachtáin a fháil don tseachtain sin go
bhfaighfeá cuntas iomlán ann. Bhí duine de na paisinéirí
a tháinig ar an traein an tráthnóna sin in amhras faoi
bhean a raibh leanbh óg aici ach nach raibh buidéal ná
blaincéad ná mála féin léi. Shocraigh an paisinéir
fiosrach seo go leanfadh sí an bhean go bhfeicfeadh sí cá
raibh sí ag dul.

Mar a deirim, is leat féin an chuid eile den scéal.

Mar a Fuair an tÚdar Bás

Mar a Fuair an tÚdar Bás

Dá mhéad am a chaitheann tú i dtábhairne nó i gcaife, is ea is lú a thugann tú isteach dó, mar am — i ndiaidh uaire nó dhó ní bhíonn feidhm ar bith le cloig nó le huaireadóirí. Bhí mé bunús lae i gcaife beag i gceantar *Montparnasse* nuair a d'aithin mé go mbeadh orm bailiú liom sula n-imeodh an traein dheireanach. Bhí cuma an lagair ar an dá lánúin a bhí fágtha san áit, rud a thug uchtach dom aghaidh a thabhairt ar an tsráid sula bhfágfaí sa riocht céanna mé. Thrasnaigh mé an tsráid amuigh gan mórán airde a thabhairt ar an trácht, ach mé ag cuimhneamh de réir a chéile ar an chlár ama a ngéilleann an saol mór cathrach dó. Chaith mé mo smig isteach i mbrollach mo chasóige gur thosaigh ag sodar i dtreo chéimeanna an *métro*. Bhí mé ag dul isteach faoin stua práise nuair a mhothaigh mé an gheonaíl thíos i dtóin an stáisiúin — dá mbeadh go leor paisinéirí ag fanacht léi bheadh seans go fóill agam ach mé rith — bhain mé bun an staighre amach sa bhomaite ach bhí mé buailte. Bhí an fuadar beag deireanach thart agus an traein ag bailiú luais romham.

B'fhéidir go raibh sé daite dom, b'fhéidir gur de m'ainneoin féin a chaill mé an traein nó go *bhfuil* clog inmheánach ionainn uilig nach gcealaíonn tithe tábhairne féin ach é ag síorthiontú, dár dtaifeadadh, dár dtreorú de réir a mhéine. Fuair mé mé féin ar ais sa chaife chéanna cibé, é rud beag níos gnóthaí an t-am seo agus an dá lánúin imithe. Oibrithe oíche a bhí istigh, daoine a bhí ag iarraidh an oíche a choinneáil uathu go cionn tamaill bhig. Ar ndóigh níor bhac siad liom, d'aithin siad orm gur bhain mé le 'minicíocht' éigin eile agus nár dhócha go dtuigimis dá chéile. Ina dhiaidh sin, chuir fear amháin acu forrán orm — toitín a bhí uaidh. Sheas sé liom go dtabharfadh sé, dar liom, luach toitín de chomhrá dom. Ach bhí tuilleadh toitíní uaidh, ceann i ndiaidh an chinn eile go dtí sa deireadh gur lig mé orm nach raibh an dara paicéad i mo phóca agam.

"Tá mé buartha. B'fhéidir go mbeadh toitín ag duine de do chomrádaithe?"

"Comrádaithe?"

Ansin thuig mé go raibh sé ina aonar mo dhála féin. D'oscail mé an paicéad eile agus thug toitín dó.

"Beidh do bhás ar mo choinsias má chaitheann tú barraíocht acu sin."

"Ní shílim go mbeidh tú liom nuair a tharlóidh sin agus, ar ndóigh, b'fhéidir go dtiocfainn slán ar na galair, ní achan duine a bhuaileann siad."

Is dócha gur aithin sé an mhífhoighne a bhí ag teacht orm leis an chomhrá nó bhí mé ar mo dhícheall ag tabhairt neamhairde air ag dúil is go bhfágfadh sé toitín nó dhó agam féin. Lig mé don chaife agus a raibh ann titim isteach i log ama le go n-éalóinn uaidh tamall. Ach bhí seisean ansin ar fad, é ag caitheamh mo chuid toitíní agus ag bogadh ó chos amháin go cos eile sa chaoi go mbíodh sé tamall ag mo thaobh agus tamall slat nó dhó amach uaim. Ansin shleamhnaigh sé ionsorm go comhcheilgeach mar a bheadh sé ag iarraidh mo phógadh:

"An bhfuil a fhios agat — an mbeadh a fhios agat gur … dúnmharfóir mé?"

Líon sé a sceadamán le toit agus chuaigh a chasacht. Bhí a cheann ar fiar agus deora ina shúile leis an toit, ach choinnigh sé súil amháin orm i rith an ama ag dúil le freagra nó broideadh de chineál éigin.

"Bhí barúil agam go gcoscródh sin tú!"

"Níl a fhios agam. Tá dúnmharfóirí agus dúnmharfóirí ann. Cén cineál dúnmharaithe a chleachtann tú?"

"An dúnmharú liteartha. Ach níor mharaigh mé ach an t-aon scríbhneoir amháin go dtí seo."

"An miste a fhiafraí cérbh é, nó an bhfuil an t-eolas ina rún?"

"Ní miste. Mharaigh mise fear a bhfuil na leabharlanna lán dá chuid stuif, fear a bhí ina laoch ag na mílte — ag na milliúin! Fear atá ina laoch agamsa ó shin."

Thost sé seal bomaite mar a bheadh an tocht ag éirí ann.

"Mise an fear a mharaigh Roland Barthes."

"Roland Barthes?" arsa mé, ag déanamh gáire

23

díchreidmheach.

"Nár leag veain de chineál inteacht Barthes?"

"Leag," ar seisean, "mise a bhí á thiomáint."

Bhí amharc ina shúile a thabharfadh le fios duit gur trua seachas magadh a bhí tuillte aige. Bhain sé gearrthán amach as a vallait mar a bheadh píosa de thaiséadach naofa ann, é donn le haimsir agus gan fágtha de ach ceithre chearnóg ribeacha mar ar filleadh é. Ansin thaispeáin sé a cheadúnas tiomána dom le nach mbeadh amhras ar bith orm feasta gurbh é féin a bhí luaite i gcuntas an nuachtáin.

"Cad é do bharúil?"

"Is iontach liom gur fágadh an ceadúnas agat," arsa mise.

Níor thug sé freagra ar bith ach d'ordaigh dhá ghloine dúinn. Anois mise a bhí faoi chomaoin aigesean nó ní raibh sé d'acmhainn agam díol as na deochanna.

"Níl mé ag maíomh do dhóighe ort. Níl carr ar bith agam ach dá leagfainn duine déarfainn go —"

"Ní raibh mé ábalta é a fháil amach as mo chloigeann. An trup a bhain a chorp as an veain. Trup garbh tobann dobhránta chan ionann is an firéan ar leis an corp."

"An raibh aithne agat air?"

"Ní raibh. Ba sin an chéad uair a bhuail mé le … a leag mé súil air. Ach chuir mé aithne air trína chuid leabhar ó shin."

Agus leis sin thóg sé a ghloine in airde in ómós dó.

"Níl a fhios agam cad chuige ar tharla sé sa chasán

dom ach b'ionann é agus an *big bang* — mura miste a rá — i mo shaolsa. Nuair a shiúil mé amach as an veain le hamharc air bhí sé cosúil le siúl isteach i ndomhan eile nach raibh eolas agam air.

"Ba é an cleamhnas an chéad rud a bhris. Mhair an trup damanta sin i mo chluasa ar feadh na míonna ina dhiaidh — chuireadh sé thar mo chodladh mé. Ní fhéadfainn luí go socair sa leaba. Thuig mé do mo bhean nuair a chaith sí amach mé. Is é an rud is mó atá le déanamh ag lánúin ar bith codladh le chéile. Ocht n-uaire a chloig ina luí in aice le chéile achan uile oíche! Níl a fhios agam anois cad é mar a dhéanann daoine é. Ach nuair amháin a thosaíonn tú a chur isteach ar chodladh na lánúine níl ann ach ceist ama … Tá fear aici anois a chodlaíonn mar a bheadh leanbh ann. An jab sa neachtlann an chéad rud eile a chaill mé, ach níor briseadh as mo phost mé. D'fhág mé an neachtlann as mo stuaim féin. Léigh mé alt a scríobh an fear mór fá phúdar níocháin agus thuig mé ansin nach raibh mé ach ag cur mo chuid ama amú san áit.

"Oscailt súl a bhí i ngach focal dar léigh mé dá shaothar, ní raibh sé furasta ar dtús — focail mhóra mhíofara carntha ar a chéile agus mise nár léigh rud ar bith roimhe sin. Ach de réir a chéile, thosaigh mé a thuiscint go bhfuil an tsochaí seo ina mairimid beo ar mhiotais agus ar bhréaga agus go bhfuil an uile dhuine againn mar a bheadh codlatáin ann nár bhaol dóibh múscailt. Ní fhéadfainn amharc ar an tsaol ar an tseandóigh ina dhiaidh sin, rud ar bith a chonaic mé thosaigh mé a scagadh leis an *apparatus* a dheonaigh an fear mór dom. An iomrascáil! Na fir sin a bhíonn ar an teilifís ag búireach agus ag geamhthroid amhail is dá mba pháistí mire iad. Rud nár chuir mé spéis riamh ann go dtí gur léigh mé alt a scríobh an fear mór — léirigh sé dom gur déithe a bhí sna hiomrascálaithe agus gur eochair iad a d'oscail an nádúr féin leis an mhaith a scaradh ón olc agus leis an cheart bunaidh fhírinneach a nochtadh dúinn! Samhlaigh sin a mhíniú do do chairde. Mise a bhí i m'fhear mar chách riamh, seo anois mé ag spalpadh fealsúnachta agus ag seanmóireacht. Níorbh fhada gur éirigh siad seachantach orm.

"Dá olcas é an t-uaigneas d'éirigh mé cleachta leis, agus ní bhíonn duine ar bith uaigneach i gcathair mhór a fhad is atá a intinn ar obair. Na daoine atá ag siúl na sráideanna as a gcodladh i lár an lae, sin na daoine atá uaigneach i gceart. Níl siad ach ag comhlíonadh miotas agus bréag, ag líonadh a gcorp agus a gcloigeann le cac. Ní thugaim isteach do chuid ar bith de — árachas, cuntais taisce, teilifís dhigiteach idirghníomhach, fóin phóca, toilg leathair agus laethanta saoire cois farraige. Is é an cleas is éifeachtaí ag na súmairí atá i réim sa tír seo cur in iúl dúinn nár cheart bheith ag dúil lena n-athrach. Tuigimse a gcuid cleas níos fearr ná mar a thuigeann siad féin iad.

"Fuair mé mo shaoirse lá an taisme — níl ceist ar bith faoi sin — bheinn go fóill ag tiomáint thart ar Pháras go dallintinneach murab é an taisme. Tá mé ag tiomáint thart ar Pháras go fóill ach, ar a laghad, tá a fhios agam anois cad chuige a bhfuil mé á dhéanamh — le bheith i m'fhinné ar an phrácás mhór *bourgeois*, lena bhréagnú agus lena dhíscaoileadh i m'intinn. Ina dhiaidh sin, ba é an taisme a chuir ar bhealach mo leasa mé agus tá mé tamall fada ag fanacht le ceann eile — is cinnte nach dtarlóidh an taisme céanna arís. Níl a fhios agam in amanna cé acu atá mé ag caitheamh mo shaoil go héadairbheach nó nach bhfuil."

"Nach bhfuil treoir ar bith i gcuid leabhar Barthes ar an cheist?"

"Tá, ar ndóigh, ach is doiligh agam ciall a bhaint as. B'fhéidir go gcaithfeadh sé solas úr ar mo sháinncheist dá bhfágfainn níos mó ama aige. B'fhéidir go raibh a intinn air tráth a bhí sé sínte ar leaba in Ospidéal *Pitié-Salpetrière*, gan é in ann a anáil féin a tharraingt leis an loiteadh a fuair sé sa taisme. B'fhéidir gur sin an t-ábhar comhrá a bhí aige le Mitterand agus Foucault nuair a bhí dinnéar acu le chéile an tráthnóna sin. Is ag deifriú uathu sin a bhí sé nuair a thug sé a aghaidh ar *rue des Écoles* … go leor fíona ina chuislí agus todóg dheas caite aige, creidim. Bhí sé ag deifriú go teach a mháthar, mar a bheadh mac cothrom dílis ann, nó bhí sé riamh maith di. B'fhéidir go raibh freagra éigin aige ar cheist a bhí ag déanamh mearbhaill dó, níl a fhios agam. Samhlaítear dom go minic go raibh siorradh maith gaoithe ina aghaidh agus gur mhothaigh sé mar a bheadh duine ag siúl dhorchla neimhe. Bhí mé féin ag deifriú fosta, thart ar choirnéal, chrom mé le toitín a dhéargadh, agus *bang*."

Tharraing mé mé féin amach as an chaife sula dtitfeadh an áit isteach i log eile ama. Bhí leoraí mór gealghlas ag scuabadh an bhruscair d'imill na sráideanna agus cúpla fear ag bailiú cibé méid a d'imigh air. Ní bheadh dóigh ar bith eile chun an bhaile agam ach an *noctambus* a fháil, seirbhís aimhrialta a ghlanfadh na scíontacháin dheireanacha de na sráideanna agus a d'imeodh leo go siabhránach dallcheoch go deireadh na hoíche.

Kango

Kango

Na tailmeacha míofara a bhí ag teacht as bun na sráide a mhúscail é. Bhíothas ag déanamh poill ansin le ceithre seachtaine ar a laghad — tochaltóirí agus *kangos* ar dtús, ach anois ba é an t-olldruilire mór amháin seo a bhí acu, é ina thoirneach faoi thalamh, ag síorthailmeáil. Dhóbair dó titim ar an urlár leis an driopás a bhí air a bhríste agus a léine a tharraingt air agus, i rith an ama, an spaspas a thagadh ar an teach le gach béim a bhualadh an t-olldruilire! Níor fhan sé lena bhróga féin a cheangal, ach amach as an seomra leis. Fán am a raibh sé ag an doras cúil chonacthas dó go raibh maolú éigin ar an tuairteáil. Bhí a athair agus a mháthair ina suí ar bhinse sa ghairdín, mar a bhíodh go minic an t-am seo de bhliain, agus iad ag ól tae. D'fháiltigh siad roimhe, gan dul thar fóir leis, nó thuig siad go mbíodh sé cantalach maidneacha agus bhí sé ina ealaín acu gan rud ar bith a dhéanamh a thabharfadh air an teach a fhágáil agus dul a chónaí leis féin.

"Cupán tae?"

"Níor mhaith. An é nach gcluineann sibh an diabhal meaisín sin amuigh?"

"Ní chluineann."

D'amharc siad air go leithscéalach. Ach b'fhíor dóibh,

bhí an druilire ina thost.

Nuair a bhí sé ag bun na sráide tharraing sé a anáil agus d'amharc isteach sa pholl. Bhí sé chomh domhain le rud ar bith a chonaic tú riamh, ballaí ag déanamh taca do na taobhanna, uaimheanna beaga iontu sin thall is abhus, agus ansin ag an bhun, uisce donn gaineamhach a raibh stríocaí tiubha corcra tríd. Thosaigh sé ag smaoineamh ar na huaimheanna a bhí faoin *subway* i Nua-Eabhrac mar a raibh na céadta díthreabhach ina gcónaí, is cosúil, agus ar *Inferno* Dante a chuaigh síos ina choinneoga fhad le prochlais an Diabhail féin. Bhí a áit féin san *Inferno* tabhaithe aigesean, má b'fhíor don ollamh Iodáilise a chaith ráithe á mhaslú ag iarraidh air cúrsa eile a dhéanamh go dtí, sa deireadh, gur fhág sé an ollscoil go ndeachaigh ag obair ag nuachtán. Ach bhí cuimhne go fóill aige ar chuid de na véarsaí sin a dtéadh sé in abar iontu:

"Lá amháin, i lár an tráthnóna, chuardaigh mé mé féin …"

"Stad stad stad."

"Viccy, an bhféadfá muid a shábháil ón diamhasla seo. Níl a fhios agam, a Mhic Uí Cholla, cén chuid den *Inferno* a gcuirfear thusa as an truailliú atá tú i ndiaidh a dhéanamh ar theanga Dante."

"I lár aistear ár saoil fuair mé mé féin i gcoill dhorcha mar a raibh an bealach díreach ar iarraidh …"

Bhí an fón póca ag broidearnach leis i bpóca a léine. D'amharc sé ar an ainm a bhí ag splancadh ina cheannlitreacha ar an scáileán beag — Gibson.

"Hello. Is ea. Tá. Tá. Ar mo bhealach. Ag fanacht le bus. Tá sé chóir a bheith agam. Look! Cad é eile a thig liom a rá leat? Níl aon duine ag dul do scaoileadhsa as moill a dhéanamh leis an scéal. Tá beatha s'agamsa i gcontúirt dá bharr seo uilig. Éist, beidh mé leat ar ball."

B'fhurasta Gibson, an t-eagarthóir, a 'imirt' nó a 'láimhseáil' mar a déarfadh lucht an bhrainse speisialta. Ní raibh le déanamh agat ach an chuma a chur ort go raibh tú ar tí pléascadh ar mhéad a bhí an scéal a bhí agat — scairtfeadh sé ort fiche uair sa lá ina dhiaidh sin ag déanamh go gcuideodh tuilleadh brú leat leis an scéal a chur i gcrích. Bhí a nósanna, a 'phatrún' féin ag achan duine. Cuid acu níos casta ná a chéile. Ba óna athair agus a mháthair a fuair sé an bua daoine a léamh, a bpatrúin a aithint. Bhí na roicneacha céanna ar aghaidheanna a thuismitheoirí leis an gháire a bhíodh siad a cheilt fá dhaoine agus a gcuid amaidí — ní ligeadh siad a dhath orthu ach dhéanadh siad gáire istigh iontu féin. Ba é an nós a bhí acu i gcónaí ligean don duine eile an comhrá a dhéanamh ach go leor a dhéanamh san am céanna lena choinneáil a chaint. Ansin tráthnóna, nuair a bheadh na comharsana nó cibé cuairteoirí a bhí acu ar shiúl, phléadh siad na seoda beaga eolais a tugadh dóibh sa lá go dtí go mbíodh a n-aghaidheanna dearg leis an gháire inmheánach sin. Mheallfadh siad rúin as clocha an talaimh.

Ach thug sé féin an bua seo céim níos faide. Níor leor

aige an sásamh leanbaí a d'fhaigheadh a thuismitheoirí as a gcuid saineolais ar shaol na gcomharsan. Bhí rud níos mó ná sin de dhíth air. Ba é an chéad rud a rinne sé a bhua a chur ag obair dó féin mar iriseoir, scéalta agus scannail den uile shórt a mhealladh as daoine, agus bhí na mílte punt saothraithe ag úinéirí an nuachtáin dá bharr. Ach go fiú ansin bhí sé róchosúil lena thuismitheoirí — bhí sé mar a bheadh duine ann a bhí ag casadh hanla ar mheaisín anois is arís lena choinneáil ag dul. Thiocfadh le duine ar bith sin a dhéanamh. Ba é an rud a bhí uaidh patrún a bhí níos suimiúla agus níos sásúla ná sin a leanstan agus ba sin an uair a thosaigh sé ar úsáid cheart a bhaint as a bhua. Thosaigh sé ag cur daoine ag déanamh rudaí nach ndéanfadh siad murab é go bhfuair siad leid éigin uaidhsean — iriseoirí eile, polaiteoirí, státseirbhísigh, fir an bhrainse. Ansin shuíodh sé siar ag gáire. Mar shampla, nuair a rinne na péas teach iriseoir teilfíse éigin a chuardach, ag déanamh go bhfaigheadh siad drugaí, bhí sé sa ghlóir. Chomh furasta leis! Is iomaí rud den chineál sin a rinne sé ina dhiaidh sin: ag cur daoine áirithe ag cuardach rudaí agus daoine eile ag seachaint rudaí agus daoine eile ag briseadh dlíthe go minic agus é ag baint pléisiúir as na patrúin a bhí cruthaithe aige i rith an ama. Bhí sé cosúil le *flea circus* i ndiaidh tamaill.

Bhí sé mar dhuine a raibh na mílte scair sna mílte comhlacht aige agus gan le déanamh aige ach corrspléachadh a chaitheamh ar an nuachtán le déanamh cinnte go raibh siad slán. Mhair a spéis ann ar feadh i bhfad agus mhothaigh sé saor ar an fhrustrachas a bhí aige le cuid dá chomhghleacaithe, go háirithe Gibson. B'fhusa i bhfad bheith ag obair ag a mhacasamhail nuair a bhí an ríocht eile sin aige, ríocht a chruthaigh sé féin as a shamhlaíocht ach a bhí fíor mar sin féin — chomh fíor sin go raibh contúirt fhisiciúil inti. Agus an rud ab fhearr den iomlán, bhíodh sé in ann na patrúin a bhí cruthaithe *aigesean* a scrúdú agus a chothú ar a chaoithiúlacht, go díreach mar a dhéanfá le saothar ealaíne. Ach le himeacht aimsire thosaigh na patrúin ag éirí róshoiléir, róghairéadach go deimhin. Chinn sé ar thionscnamh mór amháin a dhéanamh a chríochnódh an t-iomlán. Chruthaigh sé a *alter ego* féin.

Chuaigh sé i mbun oibre, ag roghnú daoine ar leith a dtiocfadh leis dul ag obair orthu, píosaí den scéal a thabhairt dóibh go hindíreach agus anois is arís lámh chuidithe a thabhairt dóibh na píosaí a chur le chéile. D'aithníodh sé an splanc a thagadh ina súile nuair a thuigeadh siad cad é an cineál scéil a bhí acu agus iad ag déanamh i rith an ama go raibh seisean, rí na n-iriseoirí, dall ar an rud nó nár aithin sé an tábhacht a bhí leis an eolas a bhíodh ag teacht uaidh. Ba mar sin a chruthaigh sé *Kango*. Lean sé air ag tógáil go cúramach ar an dúshraith go dtí gur chreid achan mhac máthartha acu go raibh duine inteacht amuigh ansin a bhí ag stiúradh an achrainn agus na hanfhala a bhí sa tír le scór go leith bliain agus gurbh é an duine sin amháin ba chúis leis an iomlán. Ar ndóigh, níorbh fhada gur tháinig Gibson chuige fán scéal mór seo a bhí le hinsint a dhéanfadh a chlú go deo.

"Dá bhféadfá," a dúirt Gibson agus an anáil ag imeacht air, "dá bhféadfá an ceann seo a fháil dúinn, cheannódh achan uile chomhlacht cumarsáide agus nuachta sa domhan é agus bheadh ár saibhreas déanta."

"*Ár* saibhreas?"

"Is ea go díreach, *ár* saibhreas: mise is tusa! Níl le déanamh agat ach dul amach agus é a fháil."

Bhí an buama réidh le pléascadh. Ach b'éigean foighne a dhéanamh go gcuirfeadh na comhlachtaí móra nuachta boladh an scéil agus go mbeadh faill ag an neascóid dul in angadh. Thosaigh an tuairimíocht, agus thosaigh an cúisiú agus an séanadh in institiúidí a bhféadfadh an *Kango* seo bheith neadaithe iontu. Duine éigin a bhí ann, dar leis na 'foinsí iontaofa', a raibh nascanna aige achan áit agus a bhí in ann na meáin chumarsáide a stiúradh ar a rogha dóigh. Cé a dhéanfadh a leithéid? Cad é a bhí le gnóthú aige air? Ainspiorad, deamhan as fíoríochtar ifrinn a dhéanfadh a leithéid ach, ar ndóigh, bhí banaltraí agus dochtúirí ann a mharaíodh a gcuid othar go dtí gur beireadh orthu, bhí daoine ann a chuir smionagar gloine trí phrócaí de bhia leanaí. Ní raibh ciall ná réasún leis ach bhí siad ann agus déarfadh na síceolaithe dá olcas na harrachtaí seo nach raibh neart acu air.

"Ó Colla, Ó Colla, Ó Colla …"

Bhí an oiread pléisiúir ar aghaidh Gibson go raibh an chuma air go raibh sé ag dul a phógadh.

"A Mhic Uí Cholla, a chroí, tá tú anseo fá dheireadh. Tá an diabhal imithe ar bhusanna na cathrach seo, dála gach rud eile! Shíl mé nach dtiocfá choíche, ach seo — beimid ag ól sláinte a chéile ar chósta na Meánmhara! Cá fhad eile go dtí go mbeidh cead agam an scéal seo a scaoileadh leo?"

Bhí sé dearg san aghaidh dála tuismitheoirí s'aige féin.

"Bhuel, ó tharla an t-airgead aistrithe agat níl fáth ar bith nach dtiocfadh liom imeacht fá cheann cúpla lá."

"Agus an scéal?"

"Cuirfidh mé chugat é nuair a bheas mé ar shiúl. Caithfidh mise bheith ar m'fhaichill."

"Is ea, is ea cinnte. Agus má tharlaíonn a dhath duitse rachaidh duine nó beirt eile go tóin poill — nach sin an rud a deirtear ar ócáidí mar seo?"

"Go díreach."

Ag teacht amach as oifigí an nuachtáin dó tharraing sé amach an cárta a raibh na sonraí taistil air — sé huaire déag fágtha. Bhí an chuid eile den lá le caitheamh aige ach ní fhéadfadh sé dul ar ais chuig a thuismitheoirí. Cad é a déarfadh sé leo? Nó an é go raibh siad chomh léirsteanach sin go raibh a fhios acu cheana féin cad é a bhí ar siúl aige? D'fhan sé go dtí raibh sé dorcha agus ansin d'fhan sé go raibh an bus deireanach ag imeacht.

Ba den mhúineadh é rud éigin a dhéanamh, comhartha éigin a thabhairt dóibh go raibh a saol ag dul a athrú. B'fhéidir, i ndiaidh an iomláin, go bhfaigheadh siad sásamh de chineál éigin as an éacht a bhí déanta aige lena bhua. Ach nuair a tháinig sé den bhus, ní dheachaigh sé níos faide ná an poll a bhí ag bun na sráide. Bhí ráillí móra miotail thart air le nach dtitfeadh aon duine isteach ann, sin nó ainmhí allta a bhí istigh ann agus é ag déanamh a scíste sa dorchadas. Ní raibh sé in ann aon rud a dhéanamh amach ann ach an t-uisce a bhí ag a bhun agus é chomh socair le huaigh.

D'fhan sé mar a raibh sé ar feadh bomaite eile agus thiontaigh ar a sháil. Bhí gach rud socair, gheobhadh Gibson an scéal amárach:

"A Gibson, a chroí: Is tusa *Kango*."

An Cumann Drámaíochta

An Cumann Drámaíochta

Ní raibh ach trí amhrán fágtha, *Frosty the Snowman*, *Chestnuts Roasting on an Open Fire*, *O Little Town of Bethlehem*. Nuair a bheadh an téip sin críochnaithe rachadh sí amach agus tharraingeodh sí isteach an dá chrann Nollag agus mhúchfadh sí na soilse. Shiúil sí suas trí íochtar an tsiopa ag caitheamh súil leisciúil ar na gréibhlí Nollag le déanamh cinnte de go raibh siad uilig san áit cheart. Bhí cuid de lucht na n-oifigí ag dul thart leis an fhuinneog thosaigh cheana féin agus bhí gasúr na bpáipéar le cluinstin ag an choirnéal. Thiontaigh sí ansin agus chuaigh sí a fhad leis an ghuthán ag dúil le scairt ó Tony, an bainisteoir.

"Angela. Am droda. Mórán inniu? Ah bhuel … Maith go leor. Slán."

Deich mbliana ó shin a d'fhostaigh Tony í le bheith ag obair sa siopa Nollag. Bhí sé cosúil le bheith beo i dteach bábóige an t-am seo de bhliain. Bhí Tony aerach agus shíl sé go mbeadh sé deas siopa a bheith aige a dhíol earraí Nollag ceithre ráithe na bliana. Ba chuma leis fá bhrabach a dhéanamh. Prionsabal a bhí ann. Shíl sé go raibh a leithéid de dhíth ar an chathair agus bhí sise sásta seasamh leis.

Nuair a bhí gach rud as shuigh sí síos ar na glúine

beaga le glas a chur ar an chomhla miotail. Bhí an cosán féin mar a bheadh sorn ann agus bhí píosaí guma coganta a raibh crusta salachair orthu ag leá go mall faoin teas. Mhothaigh sí leothán beag ar a gruaig mar a raibh bean óg fhada i ndiaidh dul thart léi ar scátaí. Thiontaigh sí thart agus choinnigh súil ar a tóin lonrach níolóin ag luascadh amach agus isteach tríd an scaifte nó go raibh sí as radharc. Bhí raic éigin ar siúl ag coirnéal na sráide nó bhí daoine ag bogadh ar leataobh agus ag amharc siar ina ndiaidh, cibé a bhí ann. Ansin, sular thuig sí cad é a bhí ann ar chor ar bith bhí gasúr éigin ina sheasamh ar a cúl agus duine eile os a comhair amach ag iarraidh mála lán uisce a chaitheamh leis. D'amharc sí isteach sna súile air ag guí nach gcaithfeadh sé an t-uisce thart uirthi ach ní raibh gar ann. D'fhág sé a gruaig ina libíní ar thaobh amháin agus bhí a gualainn fliuch báite. Níor bhac sí le hamharc ina diaidh ach d'imigh léi chomh gasta agus a thiocfadh léi ar shiúl ón scréachach gháire agus ón scaifte dobhránta a bhí ag stánadh uirthi.

Bhí an t-am ann nuair a dhéanfadh sí iarracht éigin troid a chur ar na smugacháin sin, mura raibh ann ach masla éigin a chaitheamh leo, ach b'fhearr léi anois neamhaird a thabhairt orthu. D'fhéadfadh sé tarlú do dhuine ar bith, ní hé go raibh siad ag iarraidh cur isteach uirthise thar dhuine ar bith eile, ach bhí sé deacair … Sin mar a bhí i gcathair mar seo, an lámh in uachtar ag an mhuintir is lú samhlaíocht, is lú intleacht, is lú mothú … Bhí na foirgnimh leamh, bhí na sráideanna leamh, bhí na siopaí leamh. Nach ndearna daoine gáire fán siopa Nollag nuair a d'oscail sé de chéaduair i lár an tsamhraidh? Thosaigh sí ansin ag smaoineamh ar na laethanta a chaitheadh sí an *bandanna* a fuair sí ó chara a bhí i Meiriceá Theas. Bhí sí ina mac léinn an t-am sin agus bhí sé maith go leor fá cheantar na hollscoile ach, nuair a bhí sí ag teacht abhaile ar an bhus tráthnóna amháin, thosaigh scaifte gasúr scoile ag magadh uirthi. Thosaigh an seitgháire nuair a bhain sí barr an staighre amach, ansin, nuair a shuigh sí síos, tháinig na scairteanna uathu — Rambo! Stallone! Wonderwoman! Lig siad racht gáire i ndiaidh achan ainm ach tháinig an gáire ba mhó astu nuair a thiontaigh sí thart chucu le tréan feirge. Phléasc siad. Seans ar bith go dtosódh siad ar ábhar eile magaidh bhí sé caillte. Bhí an scairteach agus an bhúireach tríd an bhus. Shíothlódh sé anois is arís agus bheadh racht casachta ann agus chuirfeadh sin ag gáire arís iad.

Ar a laghad anois ní bheadh aici le bus a fháil. Deich mbomaite agus bheadh sí thuas i gceantar na hollscoile áit a raibh foscadh ó na donáin. Ní raibh sí léi féin — nár thug Sartre *Boueville* ar Le Havre? Thabharfadh sise Baile an Chlábair ar an áit seo dá scríobhfadh sí a dhath. Bhí áit éigin ar leith de dhíth ar a macasamhail in áit mar seo — limistéar saor ó dhobhrántacht — áit a raibh níos mó rothar *per capita* ann, áit ar ól daoine caife seachas tae, áit a raibh póstaeirí in airde ag iarraidh ort dul i ngluaiseacht réabhlóideach. Níorbh aon Greenwich

Village é ach mhothaigh sí anseo nach raibh an streachailt chéanna le déanamh aici a bhí in áiteanna eile a mbíodh sí. Rudaí beaga a bhí ina fhaoiseamh, an chuma uasal a thagadh ar bhríce dearg go mall trathnóna nó an dóigh a gcuirfeadh sí sonrú i gcónaí sa ghealach oíche ar bith a mbíodh sí ag dul anonn an droichead iarnróid — í mar a bheadh taibhse ann nár léir d'aon duine eile ach í féin. B'fhusa cur suas le rudaí nuair a bhí na bomaití beaga aitis sin agat.

Tháinig aoibh bheag uirthi nuair a bhreathnaigh sí a sráid féin ón choirnéal — achan teach agus a bhrollach amach aige go díreach mar a bhíodh na mná san aimsir inar cuireadh suas iad. Thug sí faoi deara go raibh bileog sáite isteach i ngeata gach tí ach níor fágadh ceann ar bith aicise, sin nó sciobadh é. Mhoillígh sí bomaite. Bhí gal ghorm toite ag éirí os cionn fhál an tí, í mearbhlach faoi sholas na gréine.

"Bhuel, Angela. Cá bhfuil an chóisir?"

"Dessy. 'Chríost! Ní raibh a fhios agam cé a bhí ina sheasamh ansin. An bhfuil tú ar meisce?"

"Níl."

Dhing sé paicéad oráiste *rizzla* isteach ina phóca.

"Cá fhad atá tú anseo?"

"Sa tír nó sa tsráid seo? Rinne tú rud éigin le do chuid gruaige — tá sé deas."

Sheas sé siar le ligean di an eochair a chur sa doras agus lean isteach í.

"Pot Pourri?"

"Patchouli."

"Tá mé buartha, ní dhearna mé riamh *aromatherapy* ar scoil."

"Is furasta sin a aithint."

"Bhuel, dá mbeifeá ag taisteal chomh fada agus a bhí mise …"

Thit sí siar ar an chathaoir uillinn agus shín amach a dá chos. Shuigh Dessy ar an tolg agus thochais an coinlín ar a leiceann.

"Nach bhfuil tú ag dul a thabhairt luaithreadáin dom?"

"Tá a fhios agat nach gcaithim. Cá huair a thosaigh tú féin? Caithfidh sé gur sin an t-aon duáilce nach raibh agat — go dtí seo."

"Bhí mé ag obair ag dream atá i bhfách le cead caite tobac. Ligeann siad orthu gur ghnáthdhaoine iad atá ar mhaithe le cearta daonna ach, ar ndóigh, is iad na comhlachtaí tobac atá taobh thiar díobh. Bhí na toitíní ag dul saor in aisce agus bhí cineál brú ort bheith ag caitheamh san áit. Feachtas Um Chearta an Tobac."

"FUCT."

"Go díreach."

Thug sí amharc mór fada amháin air, á scrúdú ó bhaithis go bonn.

"A Dhia, amharc cad é a d'éirigh don réabhlóid."

"Thiocfadh leis bheith níos measa. Thiocfadh liom bheith ag obair i siopa a dhíolann earraí Nollag ó cheann ceann na bliana. Cibé, fuair mé obair raidió ar na mallaibh agus tá duine le teacht ar ais chugam fá chúpla páirt — drámaí teilifíse — níl mé ag caint ar shobaldrámaí."

"Ná déan dearmad cé a thug do chéad pháirt duit, cé a thug isteach sa chumann drámaíochta thú, ba chóir dom a rá."

"Bhuel, d'aithin tú an éirim ionam agus, ar ndóigh, bhí spéis mhór agam ionatsa."

Tháinig amharc crua ina súile an iarraidh seo mar a bheadh sé i ndiaidh í a mhaslú.

"An miste fiafraí díot cad é an gnoithe atá agat anseo anois?"

"Stopadh cúpla oíche, níos faide má ligeann tú dom."

"Níl a fhios agam an dtuigeann tú gur imigh an t-am a mbíodh daoine ag teacht is ag imeacht as an áit seo — iad ar a mbealach chuig áit éigin níos fearr de ghnáth. Ní áit é an teach seo do dhaoine atá ar a mbealach go California níos mó. Shílfeá, in amanna, gur tháinig cuid acu m'fheiceáil sa dóigh go mbainfeadh siad níos mó suilt as imeacht cibé áit a raibh siad ag dul."

"Nach mbíonn tú i dteagmháil le duine ar bith níos mó?"

"Bíonn, más sin an rud is 'teagmháil' ann — cártaí poist, scairteanna gutháin. Tá mé cosúil le sean*granny* éigin a bhfuil a clann uilig thar lear."

"Bhuel, *mamaí* a bhí ionat riamh. Bhí tú i gcónaí ag amharc i ndiaidh an chuid eile againn."

"Chan ionann is tusa, Dessy."

Chuaigh sí amach chuig an chistin agus chuir an citeal síos. Bhain sí cúpla piolla amach as bosca a bhí sa phrios agus chaith siar iad. Scairt sí isteach chuige.

"Níl rud ar bith istigh agam. Ach rinne mé mias mhór *shoko* aréir a chothódh seachtar. An íosfaidh tú cuid de?"

"Íosfaidh. Cibé atá ann."

"Stobhach. As an Afraic. Tá sé iontach doiligh rudaí a fháil sa chathair seo le bia maith a dhéanamh. Barraíocht ainbhiosán. Ceannaíonn siad a gcuid bia ag *Tesco* agus a gcuid éadaí ag *JJB Sports*. Ach tá an *shoko* furasta go leor."

Thug sí isteach dhá bhabhla agus cúpla slisín aráin.

"Go raibh maith agat agus *bon appetit*. Nó cibé a deir siad san Afraic."

"Tá dearmad déanta agam."

Chrom siad ar an bhéile go ciúin.

"Tá tú cosúil le *oasis* san fhásach, a Angela."

"Cad é an dóigh?"

"Bhuel, do chuid *patchouli* agus *shoko*. Ach bhí tú i gcónaí mar sin. Nach tusa a thosaigh ar na dealbha sráide nuair nach raibh iomrá ar bith orthu? Tú féin a thosaigh achan rud …"

"Is ea. Mise a thosaigh achan rud ach cad é a ghnóthaigh mé as? Cairde?"

"Níl a fhios agam. Cad é a ghnóthaíonn duine ar bith? Daoine cosúil linne, daoine nach santaíonn saibhreas, caithfidh siad sásamh a fháil as rudaí eile."

Thost siad tamall. Angela ba thúisce a labhair:

47

"Cad iad na rudaí a thugann sásamh duitse na laetha seo?"

"Is dócha go mbím beo ón lámh go dtí an béal. Tá sásamh ansin. Tá mé ag dul a dhéanamh *gig* in aontas na mac léinn san oíche amárach — bainfidh mé sásamh as sin."

"*Gig*?"

"*DJ.*"

"Níos measa ná mar a shíl mé. Nach bhfuil rudaí eile a thiocfadh leat a dhéanamh seachas ceirníní a chur a dhul?"

"Tá pléisiúr áirithe ag baint leis, cuid den *bhuzz* a bhí sa drámaíocht. Thuigfeá féin dá mbeifeá ann."

"Is dócha go gcaithfidh tú rud éigin a dhéanamh le d'am a chur isteach."

"Nach sin an deacracht atá againn uilig? Cad é le déanamh? Is furasta teacht ar an tsaol agus imeacht as ach cad é a dhéanann tú idir an dá linn?"

Tháinig an t-amharc crua ar ais i súile Angela.

"Ní furasta d'achan duine 'imeacht as an tsaol' mar a deir tú."

"Cad é an dóigh?"

"Shíl mé go dtuigfeá go maith cad é an dóigh."

"Cad é atá tú a mhaíomh?"

Thóg sí amach na babhlaí gan freagra a thabhairt air. Nuair a shuigh sí síos arís d'amharc sé uirthi mar a bheadh sé ag fanacht le míniú. Sa deireadh labhair sé:

"Cad é atá i gceist agat, a Angela?"

D'éirigh sí go tobann agus d'oscail fuinneog, ag baint achan sracadh as an ghlas go garbh. Ní raibh sí ábalta amharc air nuair a labhair sí an iarraidh seo:

"Sin rud eile fá mo 'sheanchairde' — tá siad iontach maith ag cuimhneamh ar na seanchairde nach bhfuil linn níos mó."

"Sorcha?"

"Is ea go díreach, Dessy. Maith thú féin."

"Nach raibh tusa léi an oíche a fuair sí bás?"

"Bhí agus an scaifte uilig."

"Ní raibh mise ann."

"Cad é an difear sin?"

"Dá mbeinnse ansin bheadh seans aici. Bheadh duine inteacht ann le súil a choinneáil uirthi. Thug mise isteach sa chumann í agus thug sibhse a bás uirthi."

"Cé 'sibhse'?"

"Go díreach, cé sibhse? Cá bhfuil sibh anois? Cé sibh le duine a mharú?"

"Seo. Mharaigh sí í féin."

Stán Dessy uirthi ar feadh bomaite mar a bheadh alltacht air.

"An dtugann tú an chaint seo uait achan uair a thig cuairteoir chugat? An mar seo a chuireann tú an ruaig orthu? 'Do shuí anseo ag cur dúnmharú i leith do chairde? Ar ndóigh, níl smál ar bith ar d'anamsa, tusa a chuir tús le hachan rud, banríon na drámaíochta atá anois ar ceathrún in *Lapland* mura miste leat! Ní raibh aon duine chomh cliste leat ná chomh cruthaitheach leat.

Ní raibh duine ar bith maith go leor duit."

D'éirigh Angela agus chuaigh a fhad leis an ghuthán.

"Is ea. Cuir fios ar na péas. Abair leo go bhfuil dúnmharfóir mór sa teach agat."

D'ardaigh sí a glór go tobann a thabhairt freagra air:

"Tá mé ag cur scairt ar thacsaí — duitse."

Níor labhair ceachtar acu ar feadh tamaill bhig. Thosaigh fuaimeanna na sráide amuigh ag éirí níos airde — mic léinn ina suí taobh amuigh ag ól agus ag caint, scaifte cailíní ag dul thart leis an teach agus an clic-cleaic a bhí ag a gcuid bróg ar an chosán.

Tháinig aoibh ar Dessy:

"'Angela. Tar liom chuig an *gig* san oíche amárach go sábhála mé tú. Ní chaithfidh tú a dhath a dhéanamh ach amharc ar an scaifte. Beimid inár seasamh ar an ardán ag stánadh anuas orthu. Ní fheicfidh siadsan ach cúpla scáile leis na soilse uilig a bheas orthu. Ní bheidh aird ar bith acu orainn ach is é an ceol a thiomáinfidh iad. Ní fhaca tú rud ar bith cosúil leis riamh — cúig chéad duine agus achan duine acu ag brath orainne — ní thiocfadh le duine éirí tuirseach de. Mura leigheasóidh sin tú, imeoidh mé."

Lig Angela a ceann siar sa chathaoir. Bhí an trup taobh amuigh ag ardú i rith an ama. D'fhan siad beirt ag éisteacht leis agus ag samhlú tús na hoíche taobh amuigh. Ní raibh ann ach gur mhothaigh sí adharc an tacsaí á séideadh taobh amuigh. Labhair sí le Dessy go leathchodlatach:

"Ná tabhair aird air, imeoidh sé ar ball."

Na Déithe Bréige

Na Déithe Bréige

"Is cosúil," arsa an Canónach, "gur aifreann dubh a bhí acu i bPáras."

"Agus ar maraíodh íobartach ar bith ann? Maighdean, b'fhéidir, nó gabhar?"

"B'éigean teacht gan an t-íobartach, creidim."

"Arú, ní bhfuair an tÁibhirseoir a shásamh, mar sin."

"An sa *Moulin Rouge* a bhí an Mistéalach i rith an ama, nó an é gur tháinig sé ar Ó Muireagáin agus é ag léamh an 'aifrinn' seo?"

"Bhí mise sa *Moulin Rouge* nuair ab fhiú bheith ann, ag deireadh an chogaidh — dhá scór bliain ó shin," arsa an Canónach, "ach seo, tá an bheirt eile seo ag teacht. Déarfaidh mé leo an tae a thabhairt isteach."

Nuair a bhí siad ceathrar ann, d'iarr an Canónach orthu suí agus chuir tús leis an chruinniú.

"Táimid anseo le cás nó le cinniúint Phiarais Uí Mhuireagáin a shocrú. Tá sé ag tabhairt trioblóide le tamall anuas agus anois, i ndiaidh na hamaidí seo i bPáras, beidh sé le cur amach ar fionraí, sin nó é a chaitheamh amach as an Choláiste agus bheith réidh leis."

"Dóigh amháin nó dóigh eile, beimid ag cur constaicí roimhe ar bhealach mór an tsaoil," arsa an tAthair Ó Murchú.

"Is ea, a Athair, dála *Odysseus* a bhí ar seachrán ar an fharraige mhór agus na déithe ag socrú a mbeadh i ndán dó."

"*Odyseuss*?" arsa de Róiste. "Constaicí a chruthaigh sé dó féin, ar ndóigh."

"Cibé cinneadh atá le déanamh," arsa an Canónach, ag caint as cúl a scornaí, "ná déanaimis dearmad gur mó ná aon ghasúr amháin atá faoinár gcúramna."

"Agus go bhfuilimid ag soláthar fear óg don tsochaí máguaird. Tá rud a deir na hÍosagánaigh —"

"Deir siad níos mó ná a gcuid paidreacha," arsa an Canónach, ag briseadh isteach ar de Róiste. "Is é atá uaimse ag an chruinniú seo fianaise agus faisnéis a bhailiú uaibhse le go dtig liom cinneadh a dhéanamh i gcás an ghasúir seo. B'fhéidir go dtiocfadh leis an Uasal Mistéil faisnéis a thabhairt dúinn fán méid a rinneadh in ainm an Ainspioraid i bPáras, agus ní áirím na háiteanna truaillithe a chleachtann tú féin ar na turais seo, a Mháistir."

"Bhuel, a Chanónaigh, trioblóid ar bith go dtí an oíche dheireanach. Bhí an tráthnóna acu le bronntanais a cheannach sula n-imeoimis chun an bhaile agus, ar ndóigh, nuair a chuardaigh mé na málaí ní bhfuair mé a dhath níb urchóidí ná na tinte ealaíne sin atá le cluinstin sa *quadrangle* ó shin, faraor. Ach, mar a deirim, ní bhfuair mé a dhath a bhí mímhorálta ná mídhleathach. Sin an rud a chuir ag smaoineamh mé gurbh fhéidir gur cheart ruathar beag formhothaithe a thabhairt ar na seomraí ar eagla go mbeadh rud ar bith as casán ar siúl."

"Agus cad é an rud 'as casán' a chonaic tú, mar sin?" arsa an tAthair Ó Murchú, á cheistiú.

"Tá, iad a bheith ag gabháil den ealaín dhubh, coinnle lasta acu agus bord a raibh siombailí míofara air agus an damantóir beag sin Ó Muireagáin istigh i lár báire ag stiúradh a raibh ann. Ar ndóigh, rug mé greim sceadamáin air chomh luath agus a thuig mé cad é a bhí ar siúl acu ach ní dhearna sé iarracht ar bith leithscéal a dhéanamh ná an locht a fhágáil ar dhuine ar bith dá chomrádaithe."

"Ar an ábhar nach mbeadh cos faoi! A Chanónaigh agus a fheara," arsa de Róiste, "tá go leor againn leis an eiriceach beag a chaitheamh amach agus bheith réidh leis go deo."

Sháigh an tAthair Ó Murchú a mhéar isteach faoina bhóna leis an aer a ligean isteach. "An bhfuil duine ar bith as bhur measc a mhíneoidh dom cad é an choir atá déanta ag an ghasúr seo?"

"Níl a fhios agam cad é an cineál aifrinn a bhíodh sibh a léamh in El Salvador, a Athair, ach ní thugaimid isteach don chineál sin adhartha sa tír seo," arsa an Róisteach, á dhíriú féin sa chathaoir.

Labhair an Canónach trí dhraothadh beag gáire. "Ní dóigh liom gur aifreann dubh a bhí anseo ón méid a chluinim ach *séance* de chineál éigin inar úsáideadh *ouija board*. Anois, níl a fhios cén néaróis atá ag faibhriú san fhear óg seo ach tá a fhios againn go bhfuair a athair bás nuair a bhí sé sa scoil shóisearach — is féidir gur chreid sé go dtiocfadh fios a chur ar 'spiorad' an athar ach an bord seo a chur ag obair. Amaidí éigin mar sin a bhí air, déarfainnse. Ach is cuma dúinne fá sin. An rud atá intuigthe istigh anseo, níl sé inleithscéil thíos ansin."

D'éirigh sé gur shiúil sé chuig an fhuinneog ag amharc amach ar an *quadrangle* arís.

Thosaigh de Róiste arís. "Is róchuma liomsa cad é a éiríonn d'anam an uascáin bhig seo ach, ar mhaithe le dea-chlú an Choláiste seo, molaimse Ó Muireagáin a chaitheamh amach ar an tsráid — a chead aige oideachas a chur air féin ina dhiaidh sin."

"Is ea, caith amach é," arsa Mistéil.

"A Athair?" arsa an Canónach ag tiontú ón fhuinneog arís.

"B'fhéidir go bhfuil an cinneadh déanta agus gurbh é lár a leasa é an chuid eile dá shaol a chaitheamh amuigh sa saol mór."

"Beidh sé inráite, mar sin, gur d'aonghuth a —"

Chuir an tAthair Ó Murchú isteach ar chaint de Róiste, amhail is nár chuala sé ar chor ar bith é.

"Tá mé i mo shuí anseo ar chathaoir darach," arsa an tAthair Ó Murchú, "ag amharc ar an mhias airgid sin atá i lár an tábla agus ar na torthaí bréige atá inti, agus tá mé in amhras ar tháinig mé na cúig mhíle míle ó Mheiriceá

Theas ar mhaithe leis seo. B'fhéidir, nuair a chuaigh mé amach ansin an chéaduair gur shíl mé, gan fhios dom féin, go raibh mé ag dul a roinnt cuid den saibhreas seo uilig ar na créatúir a chónaíonn i mbothóga beaga suaracha El Salvador. Tuigim anois gur iadsan a thug an creideamh domsa agus gur cheart dom bheith i mo mhiseanach sa tír seo. Ina dhiaidh sin, tá eagla orm nach bhfuil a fhios agam cá háit le tosú nó cad é mar a mhíneoinn an tír sin i seomra den sórt seo."

"Níl a fhios agam cad é an bhaint atá aige sin le cás an ghasúir seo," arsa de Róiste, ag amharc go mífhoighneach ar an Chanónach. Thiontaigh an tAthair Ó Murchú chuige.

"Is é an bhaint atá aige le cás an ghasúir seo agus le gach gasúr atá san institiúid seo go bhfuilimid á dtachtadh le fimíneacht. Tá gasúir ann a chailleann suim sa Choláiste seo nuair a thaibhsítear dóibh nach bhfuil ciall ar bith le bheith ag carnadh pointí eolais fhad is atá an pictiúr mór gan míniú. B'fhéidir gurbh fhearrde don stócach seo Ó Muireagáin oideachas a chur air féin, mar a deir tú — is cinnte go bhfuil sé a dhéanamh cheana féin ar neamhchead."

"Is dócha gur sin an obair a bhí ortsa i do chuid ranganna, a Athair, ag teagasc 'an pictiúr mór'?" Bhí súile de Róiste sáite sa Chanónach i rith an ama seo agus é ag caint mar a bheadh duine ann a tréigeadh.

Nuair a fágadh de Róiste agus an Canónach leo féin, mhothaigh sé lasadh beag in aghaidh an phríomhoide.

Ní fhéadfadh sé tosú a thabhairt amach dó fá gan 'an tAthair Guevara' a chur ina thost ach ghoill sé air ní ba mhó ná riamh an t-údarás uilig a bheith ag an seanchailleach seo a fhad is a bhí a mhacasamhail féin ag briseadh a thóna ag iarraidh an áit a choinneáil ag dul, ach b'éigean an cluiche a imirt ...

"I gcead duit, a Chanónaigh, níl a fhios agam cad é an tairbhe dúinn barúlacha an Athar Ó Murchú a chluinstin nuair atá cinneadh práinneach le déanamh."

Bhí géire i nglór an Chanónaigh an iarraidh seo mar a bhainfí a mhíthapa as. B'annamh a chonaic de Róiste mar sin é, ach d'aithin sé na comharthaí — na beola beaga teannta ar a chéile aige agus an leathfheadaíl a dhéanadh sé le gach focal a scaoileadh as a bhéal.

"Tá mo shaol caite sa Choláiste seo agam ón uair a cuireadh anseo mé i gceann mo dhá bhliain déag. Má tá mé i mo mháistir ar rud ar bith, tá mé i mo mháistir ar na ballaí seo agus a bhfuil iontu — sin an rud is institiúid ann, a de Róiste. Ní den saol seo an tAthair Ó Murchú. Tig a mhacasamhail agus imíonn siad agus ní dhéanann siad éifeacht ar bith amach ó na heaspaig a choinneáil gnóthach, b'fhéidir gur cheart dúinn bheith buíoch díobh as an méid sin féin de mhaith a dhéanamh. I dtaca leis an ghasúr seo Ó Muireagáin, cuirfear litir chuig an mháthair tráthnóna. Ní chuirfidh sé cos thar an gheata seo ina dhiaidh sin."

Tháinig loinnir bheag ar ais i súil an Chanónaigh. "Ach nach ag caint ar an *Moulin Rouge* a bhímid?

Tarraingíodh isteach ansin mé oíche amháin, agus mé i mo shéiplíneach beag soineanta, ag deireadh an chogaidh, dhá scór bliain ó shin …"

Scáthchuairt

Scáthchuairt

Isteach linn trí na doirse rubair. Bhí an *woosh* céanna astu
a bhíodh ag *ghost train* Phort Rois a thugadh ort na másaí
a theannadh agus greim a fháil ar na barraí. Ach cibé
mearbhall a bhí ormsa, bhí an bheirt a bhí do mo
thabhairt isteach níos buartha ná mé — iad ag caitheamh
sracfhéachaintí ar an slodán fola a bhí thart fá mo bholg.
Tháinig scaoth banaltraí ionsorainn sa bhomaite, cuid
acu ag titim orm agus ag mallachtaigh le tréan driopáis.
Ghéaraigh siad an luas ansin suas ceann de na dorchlaí
i dtreo seomra éigin eile sa dóigh nár léir dom aon rud
thart orm ach beirt thógálaithe a bhí ina luí ar thralaithe
agus meascán beag d'fhuil the agus de dhusta rua brící
ar aghaidh fear amháin acu.

Ansin a thosaigh na brionglóidí. Tuigfidh tusa iad sin
níos fearr ná mise, b'fhéidir. Bhí mé ag tiomáint *vespa*
thart ar Manhattan ach gan cead agam dul síos
sráideanna áirithe. Stad mé le hamharc síos *21st Street*
mar a raibh tórramh de chuid an IRA ag slabhradh leis
go stadach idir dhá *skyscraper*. Ar feadh tamaill ina
dhiaidh sin bhí mé i gceann de na seanscannáin
Ghearmánacha sin a dtugann tú orm amharc orthu —
Die Strasse, b'fhéidir. Bhí na sráideanna ag éirí chomh
dorcha sin nach dtiocfadh liom rud ar bith a dhéanamh

amach. Sa deireadh d'aithin mé gur i leaba a bhí mé ach go raibh *Nosferatu* de dhuine ag cromadh anuas orm agus é ag sá a ingne móra rinneacha isteach i lár mo chliabhraigh.

Nuair a mhúscail mé thuig mé go mbeinn ní ba shábháilte sa tromluí ná san otharlann sin. Níor thuig mé cad chuige ar tugadh ansin mé nuair a bhí otharlann i gceantar s'againn féin a bhí sábháilte. Ní fhéadfadh Rosa teacht ar cuairt orm agus bheadh an t-ádh orm mura ndéanfaí ionsaí eile ormsa. B'fhéidir nach raibh an dara rogha ann. Cad é a thug orm teacht ar ais ar scor ar bith? Níor luaithe san aerfort mé ná gur réab siad an carr le meaisínghunna. Caithfidh sé gur shíl siad gur ise a bhuail siad nó bhí achan liú astu amach as fuinneoga an chairr faoin bhitseach Phoblachtach a mharú. Ach ba Rosa féin a chuir isteach san otharcharr mé, ise a choinnigh greim láimhe orm, cé nach dtiocfadh léi teacht liom chuig an áit a raibh mé ag dul, ar ndóigh.

Ní fhéadfadh siad Rosa a mharú nó go fiú a loit, sin mar a bhí riamh. Ba cheart go dtuigfeadh siad sin faoi seo. Bhí sé de bhua aici i gcónaí bheith san áit cheart agus ní thiocfadh leat bheith ina dhiaidh uirthi as sin — bhí sé sa nádúr aici. Stad mé de bheith ag éad léi blianta ó shin, sular imigh mé go Nua-Eabhrac de chéaduair. Cad é an mhaith dom é? Ní raibh mé inchurtha léi agus sin a raibh de. Chuireadh sé fearg orm i mo pháiste dom go mbíodh an ceart i gcónaí aicise agus gur uirthise a bhíodh aird daoine, seachas ormsa, an buachaill. Ansin, nuair a bhí sí thart faoi seacht déag, d'éirigh an bhearna a bhí eadrainn ní ba mhó. Bhí a saol féin aici agus cuideachta dá cuid féin aici chomh maith. Mhothaigh mé buachaillí móra a bhí sa bhliain dheireanach ar scoil ag amharc orm le hiontas. Shíl mé i gcónaí gur iontas a bhí orthu a leithéid de mharla beag leamh a bheith muinteartha do 'Ghráinne Mhaol', ach bhí an bhearna chéanna idir iad agus í i rith an ama. Ní amharcfadh sí sa taobh chéanna den tsráid ar bhuachaillí a bhí ar comhaois léi; d'fhág sí síos siar iad, mo dhála féin.

Ní fhéadfá í a stopadh. Níor luaithe teorainn amháin trasnaithe aici ná go n-aimseodh sí ceann eile. Bhí scéalta ann faoi bheirt a bhí ard sa 'ghluaiseacht' ag bagairt gunnaí ar a chéile oíche amháin mar gheall uirthi agus bhí sí luaite le héachtaí spiaireachta atá anois sa Táin. Shíl m'aintín go raibh deireadh ag dul bheith leis nuair a d'fhógair Rosa go mbeadh sí ag imeacht go tuaisceart na hAfraice ar sparántacht ollscoile. Ní raibh iomrá ar bith sna laethanta sin ar na 'nascanna idirnáisiúnta', ar ndóigh. Ach bhí barúil agam féin gurbh fhearr dom bogadh ansin sula mbeadh sé rómhall. Ní hé go raibh mé ag teitheadh ná gur tháinig scéin orm. Bhí mé ag beartú liom le fada roimhe sin, óir ní fhéadfainn rud ar bith a bhaint amach sa bhaile sin mar a bhí cúrsaí san am. Cad é an mearbhall a thug orm teacht ar ais?

Ní raibh cuairteoir ar bith agam ó tháinig mé isteach anseo agus níl teacht ar bith agam ortsa san áit a bhfuil tú. Ansin, am éigin inniu tháinig fear isteach nach bhfaca mé ó bhí mé i mo ghasúr scoile. Bhí sé ina sheasamh romham ag bun na leapa go díreach mar a bheadh sé ina sheasamh os comhair scaifte gasúr. Ringo — bhí obair agam cuimhneamh ar a ainm ceart — Jack Starkey, an múinteoir staire a bhí againn. Bhí blagaid agus *comb over* bealaithe go fóill aige agus cóta gorm fearthainne a rinneadh sna seascaidí. Ach ní Leonard Cohen ar bith a bhí san fhear seo, féadaim a rá leat. Chonacthas dom riamh gur duine acu seo a bhí ann a raibh búistéireacht déanta aige a choinnigh sé ceilte ar an saol, cosúil le sean-Naitsíoch éigin a fuair saol úr i ndiaidh an chogaidh. Bhí cuma rite ar a éadan agus tuirse le haithint ar na súile mar a bheadh sé ag fanacht le tamall. Mhúscail sé as mo shuan mé:

"In ainm Dé níl tú ag dul a luí ansin mar a bheadh seanbhean ann, an bhfuil? Ná habair liom go bhfuil tú ag cur dúile i mbia na hotharlainne?"

Fuair sé greim ar bhun na leapa agus lig racht gáire as.

"Ní chuirfidh siad mise isteach i gceann de na leapacha seo, tá mé ag rá leat. Seo an áit a dtéann an chuid is laige den daonra le lobhadh lena gcomhlobháin."

Chuir mé m'uilleann faoi mo dhroim do m'ardú féin sa leaba.

"Cá háit a rachfá thusa dá mbeadh moll piléar i d'easnacha a Ringo? An seomra foirne?"

"Ná tabhair leasainmneacha ar bith ormsa, a stócaigh.

Ní bhfaighidh tú an cead sin choíche. Cad é seo faoi mholl piléar i d'easnacha? An ag brionglóideach atá tú, mar is gnách? Stánadh amach ar an fhuinneog mar a bheadh bómán ann?"

"Más ag caint ar an am a chaith mé i do chuid ranganna atá tú, ní bheinn i mo chodladh dá mbeadh a dhath suimiúil le rá agat."

"Ó! Gabhaim pardún, a dhuine uasail, as do chuid ama a chur amú ort. Is dócha gur cuireadh oideachas ort ó shin in acadamh mórluachach éigin ar an choigríoch. Áit éigin a mbeadh ollúna oirirce ann a shásódh an cíocras foghlama a bhí ort agus nach mbuairfeadh do cheann leis na rudaí beaga leamha a bhínn féin a bhrú ort: an fhírinne agus bunfhíricí suaracha?"

"Fuair mé léann de d'ainneoin sa deireadh ... cad é an gnó atá agat anseo cibé? An bhfuil do shaol chomh folamh sin go dtéann tú thart ag crá do chuid iardhaltaí? Is dócha go bhfaca tú tuairisc fán ionsaí ar an teilifís ... bhuel, fág na torthaí ag bun na leapa agus gread leat!"

"Cad é an t-ionsaí seo a rinneadh ort, a stócaigh? Piléir a deir tú? An raibh mórán acu sa spáslong? An raibh *antennae* orthu, ag teacht amach as a dtóin?"

Thug mé iarraidh seasamh agus greim muiníl a fháil air ach ní raibh mé ábalta bogadh. Ní raibh mothú ar bith sna cosa. Bhí mé i mo phríosúnach aige. Thosaigh sé do mo cheistiú arís, é ag siúl thart ar an leaba go húdarásach anois nuair a thuig sé nár chontúirt ar bith dó é. D'fhéach mé le neamhaird a thabhairt air, é a ruaigeadh amach as m'intinn, ach ní imeodh sé.

"Cá huair a scaoileadh tú? Cá mhéad uair? Cár loiteadh tú? Freagra ar bith agat? Mo náire thú ag insint bréag! Tabhair freagra orm! Nuair a bhí mise ar scoil tharraingeodh an máistir an tslat ort mura mbeadh an freagra agat chomh luath is a chuirfí ceist ort — i bhfad róbhog ort atá mé."

"Scaoileadh trí huaire sna heasnacha mé, a óinseach!"

"Taispeáin dom!"

Níl a fhios agam cad chuige a raibh mé ag géilleadh dó ach rinne mé iarracht in aisce mo lámh a chur ar an áit ar loiteadh mé.

"Rud ar bith? Tuilleadh bréag mar sin. Bhí eagla orm gur mar sin a bheadh. I ndiaidh do chuid áibhéile ní raibh ann ach amaidí. Shílfeá gur ár dTiarna a bhí ag taispeáint na gcneácha do Thomás!"

"Ar mhaithe liom féin tá mé ag dul a thabhairt freagra ort, a Ringo. Tháinig mé ar eitleán as Nua-Eabhrac, áit a bhfuil cónaí orm, aréir. Tháinig mo dheirfiúr, Rosa, i m'araicis agus rinneadh ionsaí ar an charr — tá siad ag iarraidh í a mharú leis na blianta. Tugadh anseo in otharcharr mé, mé báite i bhfuil agus moll piléar, nach raibh ansin roimhe, i m'easnacha."

"Nua-Eabhrac a deir tú, nach maith thú! An miste fiafraí díot cad é an gnó atá agat thall?"

"Is ailtire mé."

"Ó, ar ndóigh! Pósta, clann agat?"

"Tá páirtnéir agam. Is léachtóir le léann na scannán í.

Sin an fáth a raibh na brionglóidí agam ní ba luaithe. Bíonn seanscannáin agus scannáin choimhthíocha ar obair i gcónaí aici san árasán."

"Cén ollscoil a bhfuil sí ag teagasc inti?"

"Columbia."

"Columbia! Cén áit eile, in ainm Dé!"

"Cá bhfuil sí anois, an bhean seo, agus cá bhfuil do dheirfiúr ar mór a cáil? Shílfeá go dtiocfadh le bean a bhí ina léachtóir in Columbia bheith ar an chéad eitleán as Nua-Eabhrac le bheith ag do thaobh — go háirithe má scaoileadh tú. Bheadh sé cosúil le bheith i scannán!"

Thost sé tamall agus lig rabharta eile as:

"Níl a leithéid de bhean ann. Chum tú í dála achan rud eile atá tú i ndiaidh a insint dom nó is tú an dobhrán beag bocht nach mbeidh lá ratha air lena sholas mura mbíonn rachairt feasta ar dhaoine atá maith ag brionglóideach agus ag tochas a dtóna!"

Cibé acu tuirse nó éadóchas a bhí orm, fágadh gan freagra mé. Dhírigh mé mo shúile ar an tsíleáil féacháil leis an ruaig a chur air ach bhí barraíocht suime agam ann, ní raibh neart ar bith air. Labhair mé leis arís gan fearg ar bith a nochtadh i mo ghlór:

"Cad chuige ar tháinig tú anseo le dul a mhagadh orm?"

"Tá a fhios agat go maith cad chuige a bhfuil mé anseo. Ná síl gur de mo leontaí féin a tháinig mé. Chuir tú fá mo choinne."

D'fhan mé i mo thost ag dúil le míniú éigin uaidh.

71

"D'fhill tú ar an aon fhoinse iontaofa eolais atá sa chloigeann sin ort — mise. Chuir tú ceist i d'intinn féin 'cad é atá a fhios agam?' agus is mise an freagra. Anois, ceist agam ort — cad é atá a fhios agat?"

Dhruid mé na súile agus thug orm féin titim a chodladh go mbogfainn ar aghaidh chuig an chéad áit eile. Bhí scáile sa seomra agus níor léir dom ach a chruthaíocht idir mé agus léas, an dá lámh ar bhun na leapa aige agus é ag cromadh anuas orm. Níor bhog sé a cheann ach mhothaigh mé é ag stánadh orm amach as clapsholas an tseomra. Uair ar bith a d'amharc mé bhí sé ansin go fóill ina stacán dorcha agus an anáil ag teacht go mall anásta leis.

An Díseartach

An Díseartach

"Cá bhfuil an meaisín toitíní?" ar seisean lá amháin in óstán dó. Nuair a dúradh leis cá raibh an meaisín shiúil sé, an choiscéim throm chinnte leis, agus grabhróga den chlábar thirim ag scileadh dá bhuataisí ar an bhrat urláir. Ní raibh athrú ar bith le feiceáil ar a ghnúis. Bhí na paistí dearga ar a aghaidh agus na cuislí briste fá bharr an dá leiceann mar a bhí riamh. Ní raibh ann ach go raibh fliuchas éigin ar an aghaidh mar a bheadh taisleach ar bhallaí tí agus iad ag lobhadh. Dhearg sé toitín ag an bheár agus d'ordaigh pionta *lager*. Rinne sé gnúsachtach beag sásaimh nuair a tugadh an deoch dó agus thosaigh ag sciorradh bun an toitín ar a ordóg. Ba seo an chéad uair dó bheith san óstán seo ach ní bheadh sé ar ais ann — £2.50 ar uisce poill. Dar Críost, bhí saol furasta ag an mhuintir seo. Ach ní raibh gar a bheith ag caint. Rinne sé gáire beag isteach leis féin óir ní raibh seisean riamh maith ag caint. B'fhearr leis istigh leis féin sa bhothán a thóg sé ar chúl an tí, áit a raibh achan sórt aige — rudaí nach dtuigfeadh mórán daoine gan fiú meicneoirí agus feisteoirí féin. Iontais an tsaoil a bhí istigh sa bhothán bheag sin.

Ansin tháinig comhrá s'aicise ar ais ina cheann mar a bheadh píosa d'fheoil righin ann nár tháinig leis a dhíleá. "Níor mhaith liom páistí a chur amach i gcionn an tsaoil agus tusa mar athair acu." Bhuel, ní chuirfeadh sin isteach air. Bhí sí chomh haimrid leis an fhásach féin, bhí a fhios ag achan duine sin. Dúirt na dochtúirí sin léi san otharlann — nach mbeadh páistí aici choíche. Ach cibé nádúr a bhí inti, dá dtiocfadh fiche dochtúir anall as *Harley Street* chuici agus an cás a mhíniú ní éistfeadh sí leo. Sin nó ligfeadh sí uirthi gur thuig sí go dtí go raibh siad ar shiúl agus ansin thosódh sí airsean ag rá ' 'bhfuil a fhios agat go bhfuil mé in amhras fánar dhúirt na dochtúirí sin. Bhí cuid acu nach mbeadh ach i ndiaidh teacht amach as an choláiste. Níor mhaith liom bheith ina muinín'.

Bhuel, bhí an cleamhnas briste anois agus ní bheadh dochtúirí ar bith de dhíth leis sin a insint di. Is mairg a lig sé dóibh é a mhealladh isteach sa ghréasán damháin alla sin an chéad lá riamh. Í féin agus a deirfiúr na hóinseacha, ach an deirfiúr ba mhó a mheall é. Lig sé an siopa amach ar cíos acu nuair a theip ar an áit dheireanach a bhí acu. Bhí cíos s'aigesean saor go maith óir bhí drochbhail ar an áit. Ach ní dhearna siadsan talamh ar bith leis an siopa. Níor thuig siad go raibh deireadh le siopaí fuála agus nach raibh ann ach smaoineamh amaideach a fuair siad ón mháthair. Ach, cibé fá sin, d'imir an deirfiúr a cluiche go maith. D'amharcadh sí go géar air i gcónaí agus an chuma uirthi go raibh gnoithe éigin eatarthu nach dtuigfeadh an bhean eile. Ba chuma leisean i bhfírinne, ní raibh ann ach gur shíl sé go raibh sé cineál greannmhar — ise ag stánadh air nuair a thagadh sé isteach sa siopa agus a brollach in airde mar a bheadh péacóg ann. Agus, dar léi, sin an dóigh a bhfaighidh mé áit na coise ar ghnoithe s'aigesean, an sompla bocht de dheirfiúr seo a phósadh air agus beidh liom. B'fhíor di, ar ndóigh.

Tháinig fear beag meisce ag stámhallach thart leis gur bhuail ina éadan de thaisme. Ghabh an pótaire beag a leithscéal fiche uair agus a aghaidh roinnt orlaí uaidh i rith an ama. Bhí roicneacha ar chlár a éadain mar a bheadh trinsí ann leis an saothar a bhí air na súile móra uisciúla a choinneáil oscailte. Rinne sé féin an gáire beag amaideach a dhéanadh sé i gcónaí ar ócáidí mar seo — bhí an saol lán leis na glagairí beaga seo. D'fhéadfá a rá go raibh seisean ina shaineolaí ar ghlagairí leis an oiread ama a bhí caite aige ina measc.

Mhothaigh sé ise ag éirí cosúil leis an deirfiúr de réir mar a sheadaigh sí i saol an phósta. Bhíodh an ghruaig dhorcha tarraingthe siar go cúl a cinn agus é chomh teann sin go mbíodh scáth bándearg faoi na fréamhacha ag barr a héadáin. D'amharcadh sé uirthi gach maidin ag breith ar a folt bealaithe agus á thachtadh ina dorn lena cheangal siar. Bhaineadh sí sracadh millteanach as maidin ar bith a mbíodh na coinní sin aici leis na dochtúirí. Ach ní bhfuair sí dea-scéal ar bith uathu.

Ba ansin a thóg sí leis an amaidí eile agus ba iad na sagairt an tús. Níor bhac an chléir leisean ach cúpla uair le hairgead a iarraidh ar chúis éigin amaideach. Ach ní raibh moill orthu é a fhágáil aige féin óir ní raibh siad ar a suaimhneas ina chuideachta. Thuig siad go raibh a fhios aige go maith an obair a bhí orthu, na súmairí. Lena chois sin, bhí siad róghalánta dó. Shuigh siad ansin, an bheirt acu ag déanamh iniúchta fá uafás ar an trioc agus ar na pictiúir a bhí ar na ballaí aige agus bhí obair acu rún a dhéanamh dá ndímheas. Ach thosaigh sise ag tabhairt cuireadh do na sagairt nuair a bhain sí deireadh dúile de na dochtúirí. Agus tháinig siad cúpla uair ar mhaithe le hiontas a dhéanamh, is dócha, den bheirt ghránna seo — an fear nach raibh i ndán dó ach daorphiantaí Ifrinn, dar leo, agus a bhean a bhíodh á síorcheistiú fá ollmhaitheas Dé.

Bhí sí mar sin ar feadh seala go dtí gur thosaigh sí ag dul chuig an chlochar le cur isteach ar na mná rialta. Ach fán am seo ní éisteadh sise le duine ar bith eile ach í féin agus ba bheag an chabhair na mná rialta aici. Agus, ar ndóigh, ní dhearna sí obair ar bith sa siopa i rith an ama sin. Bhí an áit faoi chúram a deirféar anois agus ní raibh cíos ar bith le fáil uaithi. Sa deireadh b'éigean dó fáil réidh léi agus d'imigh sí léi á dhamnú agus á réabadh le maslaí mar a bheadh seanphréachán ann. Ní raibh aird ag an bhean eile ach ar cibé dream cuilceach a raibh sí sa tóir orthu, agus bhí go leor acu ann mar chuilcigh.

Tháinig sí isteach oíche amháin i ndiaidh coinne leis an bhean feasa agus í ag rámhailleach fá 'chrann an tsaoil' agus fá go leor rudaí eile nach raibh ciall ar bith leo. Ach is cinnte nach bhfuair sí luach a cuid airgid óir níor fíoradh ach cúpla rud a thuar an bhean agus ní raibh ansin ach rudaí fá dhathanna agus uimhreacha. An rud ba mhó a dúirt sí go mbeadh clann aici agus, ar ndóigh, ní raibh iomrá ar bith air sin. Ó shin i leith bhí sí ar slabhra ag na cuilcigh sin. Níor leor an méid a déarfadh duine amháin acu léi nó bheadh uirthi dul chuig gadaí inteacht eile le cruthú a fháil ar an chéad fhaisnéis. Agus nuair nach raibh an dá rud ag teacht le chéile ba é an chomhairle a fuair sí go bhfeiceann gach bean feasa an todhchaí trína súile féin agus go bhfuil gach léamh fíor ann féin.

Cibé méid a insíodh di ar feadh an ama sin uilig bhí dóchas mór aici i gcónaí as na cártaí *Tarot*. Bhí cúig chárta acu ann, slata agus cupáin a bhí ar thriúr acu ach an dá cheann mhóra a fuair sí 'an Bás' agus 'an Díseartach'. Cnámharlach fada crom a bhí ar chárta an Bháis agus é ag bánú a raibh roimhe le speal. Insíodh di gur athrú saoil, claochlú mór an chiall a bhí leis an chárta sin agus, ar ndóigh, an claochlú a raibh sise ag dúil leis, clann a bheith aici, tharlódh sin roimh i bhfad. Bhí manach ar an chárta eile, an Díseartach, agus lóchrann ina láimh aige mar a bheadh sé ag déanamh an eolais do dhuine. Ba é an léamh a fuair sí ar an chárta sin gur duine dó féin a bhí ina fear céile ceart go leor, é istigh ina bhothán beag leis féin i gcónaí ach go raibh sé á treorú i gcónaí gan fhios di féin. Agus b'fhíor dóibh.

Dhiurnaigh sé braon deireanach an *lager* agus chuir sé air a chóta. D'amharc an freastalaí air go míshuaimhneach nuair a mhothaigh sé an clábar a d'fhág sé ar an bhrat urláir deas dearg ach ba chuma dósan. Nuair a chuaigh sé amach ar an tsráid arís thug sé fá deara go raibh sé ag cur fearthainne ar feadh an tráthnóna agus bhí spéir dhúnéaltach os cionn an bhaile. Bhí an comhrá deireanach sin ag teacht ar ais arís d'ainneoin an *lager*. "Níor mhaith liom páistí a chur amach i gcionn an tsaoil agus tusa mar athair acu." Thug sí 'tramp' air fosta agus ba sin an uair a sheas sé ar a choiscéim agus chuaigh isteach chuici arís. Níor thaitin an focal leis.

I ndiaidh tamaill bhig bhí sé ina sheasamh ar an chnoc os cionn na sráide ag amharc anuas ar na soilse agus mhothaigh sé a theach beag féin ina measc. Ach an iarraidh seo bhí scaifte beag daoine ag tosach an tí agus bhí an gairdín cúil ar bharr amháin solais. Bhí puball mór bán acu thart ar an bhothán agus éide bhán ar an mhuintir a bhí le feiceáil. Agus sin an áit a raibh sí féin agus a deirfiúr, a ceann ina camas agus í faoi urlár an bhotháin.

Ag Caint leis na Mairbh

Ag Caint leis na Mairbh

Bhí mé ag obair ar leabhar an t-am sin, leabhar mór fá thaibhsí agus fá 'fheiniméin osnádúrtha' a mbeadh pictiúir agus páipéar lonrach daite ann agus clúdach speisialta air a dhéanfadh ealaíontóir dom. Thosaigh mé amach ag smaoineamh ar leabhar a léigh mé nuair a bhí mé ag obair mar ghrianghrafadóir i lár na cathrach. Bean de na glantóirí a bhí san áit a thug ar iasacht dom é agus gheall sí dom go gcuirfeadh sé ag creathnú i mo chuid bróg mé. Níorbh é an seanrud céanna é fá theach siúil amuigh faoin tuath. Cuntas a bhí sa leabhar seo ar rudaí a tharla i dteach in eastát tithíochta de chuid Bhéal Feirste. Bhí trácht ann ar áiteanna a raibh mé féin eolach orthu agus iomrá ann ar dhaoine a raibh aithne shúl agam orthu. Duine acu sin an tAthair Uinseann a bhí sa mhainistir. Eisean *exorcist* na deoise, rud nach raibh a fhios agam go dtí gur léigh mé an leabhar. Shíl mé gur cheart tosú leisean, agallamh a chur air, grianghraf dubh agus bán a fháil, rud éigin iontach Gotach — an ceamara ag amharc aníos air agus é ina shútán mór dubh ag doras na mainistreach, rud éigin a thabharfadh Naomh Mícheál, an t-ardaingeal, i do cheann.

Rinne mé coinne leis cúpla uair ach b'éigean dó iad a chur ar ceal. Ansin, de thaisme, mhothaigh mé ceannteideal i bpáipéar na maidne 'Bás *exorcist* ina chaill mhór'. Bhí sé marbh. 'Chríost a leithéid d'am le bás a fháil. Ach thosaigh mé ag seiftiú liom — dar liom, gheobhaidh mé grianghraf den sagart sa chónra agus an paidrín snaidhmthe ina mhéara! An *exorcist* agus a chuid uirlisí ar a mbealach chuig an áit eile, mar a bheadh seantaoiseach ann. Ach nuair a d'iarr mé cead ar an mhainistir ní ligfeadh siad dom. Bhí mé fá choinne dul isteach go formhothaithe agus grianghraf a fháil i lár na hoíche, ach bhí cead faighte agam ón mhainistir cuid páipéar an Athar Uinseann a scrúdú agus bhí eagla orm go gcaillfinn an t-áiméar sin dá mbéarfaí orm. Ba bheag an gar dom é. Ní raibh sna páipéir ach lear mór rudaí fá éin mhara, nó is cosúil go raibh an sagart ina bhall mór de chumann éan agus chaith sé a shaol uilig ag bailiú pictiúr agus irisleabhar fá na héin seo. Tháinig mé ar chorruimhir ghutháin agus a leithéid a bhain leis an ghairm eile a bhí aige, ach níor leor é. Shocraigh mé ar dhul ag cuardach cóip den leabhar beag a thug an glantóir dom.

Bhí a fhios agam go raibh sé as cló ach bhí ainm agus seoladh an fhoilsitheora agam — teach éigin ar Bhóthar Aontroma. Ní raibh moill ar bith orm an áit a fháil. Teach mór a raibh péint ghránna air, *bicycle green*, dath a raibh fuath agam air, ach nuair a chuaigh mé isteach ann cuireadh fáilte mhór romham. Cailín óg an t-aon duine a bhí san áit agus ba léir dom gur mise an t-aon duine a chonaic sí an lá sin, cé go raibh sé i ndiaidh a ceathair a chlog. Thairg sí cupán tae dom agus thosaigh sí ag caint ar luas mire mar a bheadh duine ann nach raibh cuideachta ar bith aici le fada. Ní hé amháin gur thug sí cóip den leabhar dom, thug sí cúig chóip bhreise dom agus cúig chóip de leabhar inteacht eile. Mhínigh sí dom go raibh an áit le druidim roimh i bhfad agus go raibh acu le fáil réidh de rud ar bith a bhí fágtha acu. Ghabh mé buíochas léi agus d'fhág ansin ag barr an tí í, agus amharc brónach *Rapunzel* ina súile.

Chaith mé an oíche sin ag léamh an leabhair agus mhothaigh mé an t-uafás a bhí orm an chéaduair ag tonnadh ar ais ionam. Bhí rud éigin anseo go cinnte, ní raibh amhras ar bith ann fá dtaobh de. Gach oíche ina dhiaidh sin d'fhanainn i mo luí múscailte, chan le heagla ach le hiontas agus le huamhan.

Cibé dóigh a ndeachaigh an leabhar sin i bhfeidhm orm ní thiocfadh liom smaoineamh ar mhórán eile ach taibhsí — neacha a bhí thart orainn an uile bhomaite den lá, ag coimhéad orainn agus ag gáire fúinn. Dá mbeadh sé fíor bheadh orm — bheadh orainn uilig — dearcadh arís ar achan rud. Dá mbeadh sé fíor thiocfadh le cuid mhór rudaí eile bheith fíor — Dia, ar ndóigh, transubstaintiú, na síóga, Daidí na Nollag. Achan rud a bréagnaíodh nuair a tháinig ann dom, d'fhéadfadh sé bheith fíor i rith an ama. Cad é mar a thiocfadh leat glacadh le hathrú mar sin? Thuig mé do na daoine sin a fhaigheann amach go bhfuil leathchúpla acu nár casadh orthu riamh iad, ach sa bhroinn, agus a chaithfeas tosú agus aithne a chur orthu as an nua. B'fhéidir go mbeadh an dúshlán rómhór, b'fhéidir go mb'fhearr duit gan an t-eolas a bheith agat choíche. Thug sé i mo cheann rud a chonaic mé ar an teilifís fá fhear a chaith deich mbliana ag déanamh taighde ar an diabhal. Dúirt sé nach molfadh sé a leithéid de chaitheamh aimsire don dara duine ar mhéad a chuir sé in amhras é fána neamhchreideamh. Mhothaigh mé féin go raibh rud inteacht mífholláin fán dóigh a raibh m'intinn ar slabhra ag an tionscnamh seo, mé beo ar an bhás agus ar na mairbh, ag iarraidh cruthú go raibh rud éigin ann.

Nuair a bhí a oiread ábhar agam ar an scéal agus a thiocfadh liom a bhailiú, shocraigh mé ar shos a ghlacadh. Níor amharc mé ar rud ar bith ar feadh trí mhí — dar liom gur leor sin le m'intinn a ghlanadh. Dá ainneoin sin, bhí mé chomh tógtha leis an cheist agus a bhí mé riamh, nó is ar éigean a d'éirigh liom na trí mhí sin a chaitheamh gan smaoineamh air, ach chonacthas dom nár leor an méid a bhí bailithe agam leis an bhorradh a bhí ionam a chur i láthair in *Leabhar Mór na Marbh* — an teideal a bhí agam ar mo leabharsa.

Ansin, go díreach agus mé ag cailleadh dóchais, tháinig mé ar an rud a raibh mé ag fanacht leis le fada. Bhí mé i mo luí ar an tolg oíche amháin ag amharc ar an teilifís óir bhí suim caillte agam i nuachtáin agus i leabhair. Ba ghnách liom bheith in amhras ar na daoine seo a chaith a saol os comhair na teilifíse mar a bheadh siad buartha go gcaillfeadh siad rud éigin. Ach sin mé an oíche sin ag déanamh an rud céanna agus, nuair a chonaic mé an rud a bhí romham, bhí sé cosúil le cuairt ón Spiorad Naomh. D'éirigh mé de léim ag iarraidh teacht ar an *remote* go gcuirfinn ar téip é. Bhí an oiread sin driopáis orm gur chaith mé an diabhal rud uaim sa deireadh ar eagla go gcaillfinn an rud a bhí ar an teilifís.

Aoi speisialta a bhí ar cheann de na *talkshows* agus é ag déanamh go dtiocfadh leis labhairt leis na mairbh. Chan é amháin sin é, ach bhí siad ag insint rudaí dó faoin lucht éisteachta:

"Tá bean anseo atá ag iarraidh rud éigin a insint do John. Deir sí, deir sí nár chóir duit bheith buartha faoin leanbh, go bhfuil sé ansin léi agus go bhfuil sé iontach sona."

Sméid an fear a bhí sa lucht éisteachta a cheann agus an chuma air go raibh na deora ag teacht leis. Ansin, bhíodh teachtaireachtaí uathu nach raibh chomh tromchúiseach céanna:

"Nóra, deir Alison gur cheart duit dul chuig gruagaire eile."

Lean sé ar aghaidh mar sin ar feadh fiche bomaite. Nuair a tháinig na fógraí ar obair d'éirigh mé gur thosaigh ag siúl thart ar an seomra. Bhí mé ag dul siar i m'intinn ar an rud a bhí mé i ndiaidh a fheiceáil go dtí nach raibh fágtha de ach an pictiúr a bhí agam de mo dhuine agus é ag caint leis na mairbh. Bhí easpa éigin siméadrachta ann — súil amháin bolgach uisciúil agus súil eile meata tirim, leiceann amháin dearg ramhar agus an leiceann eile seargtha tnáite. Choinnigh sé a chathaoir ar fiar i rith an chláir sa dóigh nach bhfeicfeá an taobh seargtha ach ba léir dom go raibh leathmhaig ar a chorp uilig mar a bheadh duine ann ar gearradh an leathchúpla de ar thaobh amháin dá cholainn.

Chuaigh mé síos chuig an stáisiún teilifíse an lá arna mhárach go bhfaighinn uimhir ghutháin nó bealach éigin le teagmháil a dhéanamh leis. Dúirt an fáilteoir liom go raibh daoine eile istigh romham ag cuardach eolais faoin fhear a bhí ar an chlár aréir agus go mbíodh seisiúin ag an duine céanna i dtithe ósta tríd an tír. Tharraing sí bileog amach as faoi chúl an chuntair a raibh an t-eolas teagmhála uilig air agus 'Oíche i gcuideachta Lesley Ormonde' scríofa ar a bharr. Ghlaoigh mé ar an uimhir láithreach agus fuair mé é. Bhí sé i mBaile Átha Cliath ag déanamh réidh do shraith 'oícheanta' a bhí le bheith aige ansin. Cinnte, thiocfadh leis bualadh liom am ar bith a bhí ag fóirstean dom. Mhol sé cruinniú beag a bheith againn i dteach tábhairne a bhí os coinne Ardeaglais Chríost.

Chaith mé lá an 'chruinnithe' ag dul thart ar dhánlanna agus ar áiteanna eile i mBaile Átha Cliath. Ach bhí obair agam m'aird a dhíriú ar rud amháin ná fanacht in áit amháin ar feadh i bhfad. Bhí sé cosúil le ham a chaithfeá roimh dhul ar eitleán chun an bhaile, gan spéis agat i rud ar bith agus fios agat go bhfuil tú ag dul a fhágáil achan rud i do dhiaidh. Ansin, thart fán cúig a chlog, nuair a bhí na cosáin lán daoine a bhí ag deifriú ar ais chuig a gcuid tithe, thosaigh mé ag déanamh mo bhealach suas i dtreo Ardeaglais Chríost. Bhí sé ag éirí dorcha agus bhí an ghaoth ag neartú i m'aghaidh an bealach uilig suas an tsráid sin dom. Fuair mé foscadh beag nuair a chas mé isteach ar clé ag ceann na sráide mar a raibh an cosán níos leithne agus níos fairsinge. Ba sin an áit a raibh an teach tábhairne, é neadaithe istigh ar thaobh an fhoscaidh agus sraith lampaí práis os cionn an chomhartha, *The Clarence Mangan*.

Bhí an áit lán daoine a bhí ag éalú ó ghnáthdhualgais an lae, má bhí dualgais nó cúraimí ar bith orthu, comhrá tréan ar bun ag achan tábla agus daoine ag ordú deochanna agus bia go cíocrach. Bhí tábla ag Lesley i gcoirnéal amháin agus an chuma air go raibh sé ag cúléisteacht gan náire leis an mhuintir a bhí in aice leis.

"Lesley Ormonde?"

"Is ea? Ó! Is ea! Bí i do shuí, bí i do shuí, le do thoil."

"Bheinn anseo ní ba luaithe dá mbeadh a fhios agam go raibh tú ag dul a bheith ann."

"Nach cuma, nach cuma. Ach … ólfaidh mé branda beag anois ó tharla in áit na garaíochta tú!"

Tháinig na deochanna agus, tamall ina dhiaidh sin, roinnt ceapairí agus próca beag ruacan do Lesley. D'inis sé achan rud dom fána óige agus fána mháthair agus an bua seo a bhí aicise bás duine a fheiceáil ina hintinn sula dtarlódh sé ar chor ar bith. Níor labhair sé mórán ar a bhua féin go dtí gur fhiafraigh mé de cad é a mhothaigh sé nuair a bhíodh sé ag caint leis na mairbh. Thost sé bomaite agus chuir sé ceist orm an raibh mé riamh sa lusca atá in Ardeaglais Chríost, é ag sméideadh a chinn i dtreo an dorais. Dúirt mé leis go raibh.

"Bhuel, ar seisean, déarfainn gur mhothaigh tusa rud éigin san áit sin. Samhlaigh anois an mothú céanna, ach é míle uair níos láidre."

Níorbh é go díreach na freagraí a bhí aige a shásaigh mé, cé gur chuir mé neart ceisteanna air. Is é rud a mhothaigh mé gur chóir dom cuimhne a bheith agam ar an chruinniú seo, ar na ruacain agus ar an chithréimeach shaoithiúil seo a bhí os mo chomhair.

Thosaigh sé ag éirí corrthónach thart fan seacht a chlog nó bhí aige le déanamh réidh don 'oíche'. Níl a fhios agam arbh é an t-ólachán a bhí ag dul i mo cheann dom ach ní thiocfadh liom gan rud éigin a rá leis fán leathmhaig a bhí ar a chorp:

" 'Bhfuil a fhios agat … a Lesley, tá rud éigin fá do chorp a thugann leathchúpla a stoitheadh díot i mo cheann … An sin an ceangal atá agat leis na mairbh, an leathchúpla?"

Tharraing sé ciarsúr mór bán amach as póca a bhrollaigh gur shéid a shrón go callánach. Chuimil sé thart fá na polláirí go cáiréiseach sular chuir sé an ciarsúr ar ais.

"Ní deas an tsamhail é. Ach is grianghrafadóir thú nach ea?"

"Is ea."

"B'fhéidir nach bhfeiceann tú ach an rud atá uait."

Chroith mé lámh leis sular imigh sé agus gheall sé go dtiocfadh sé go Béal Feirste le roinnt grianghraf a dhéanamh. Bhí a fhios agam ón dóigh ar chríochnaigh muid an comhrá nár ghlac sé olc ar bith liom as an cheist a chuir mé air. Ach sháraigh orm é a fháil ag ceann ar bith de na huimhreacha gutháin a bhí ar an bhileog eolais. D'fhág mé teachtaireachtaí ach ní bhfuair mé scéala ar bith ar ais. Shílfeá, arsa mise liom féin, an té a dtig leis labhairt leis na mairbh go dtiocfadh leis freagra a thabhairt ar na beo, damnú air. Sa deireadh, d'fhreagair rúnaí nó gníomhaire de chineál éigin an guthán lá amháin ar chuir mé scairt air. Ní raibh teachtaireacht ar bith ó Lesley aige fá mo choinne ach bhí a fhios aige cá raibh sé:

"Cheltenham. Ní bhfaighidh tú an tseachtain seo go cinnte é, téann sé anonn achan bhliain."

"An bhfuil sin ceadaithe? É a bheith ag cearrbhachas nuair a d'fhéadfadh sé bheith ag rógaireacht leis?"

"Cad é an dóigh?"

"Bhuel, nach bhfaighidh sé marc ó na mairbh faoi achan rás?"

"Arú, ní bhaineann sé mórán in am ar bith ach tá sé ar mire fá na rásaí."

"Agus an ndéanann sé an *Lotto*?"

"Déanann."

Leis sin, rinne sé gáire mór fada, chan le drochmheas ach le tréan pléisiúir mar a bheadh sé i ndiaidh smaoineamh ar rud a bhí iontach soineanta …

"Déanann!"

Oilibhéar Puirséil

Oilibhéar Puirséil

Gach tráthnóna Aoine imrím peil i halla spóirt a bhfuil urlár glas ann, an cineál glais a shamhlófá le plainéad eile. Ní hé amháin go bhfuil an t-urlár glas, tá soilse móra sa tsíleáil a dhallfadh tú dá mbeifeá le hamharc orthu. Nuair a bhíonn barraíocht imreoirí againn athraíonn an cluiche go hiomlán — ní bhíonn agat ach seal fhaiteadh na súl leis an liathróid a imirt nó bíonn duine eile anuas ort sa bhomaite. Bíonn agat le fiche rud a phróiseáladh i d'intinn taobh istigh de shoicind nó dhó. Tarlaíonn rud ar ócáidí mar seo, nuair atá an imirt teann tapaí, atá chomh cosúil le draíocht le rud ar bith dá bhfaca mé roimhe. Nuair a shocraíonn d'intinn ar an chluiche agus nuair a scaipeann cibé ceo a bhí uirthi go dtí sin, ní léir duit ach gluaiseacht na himeartha in imigéin, í mar a bheadh damhsa eipiciúil ann, daoine ag léim thar choirp a chéile, ag síneadh géag agus muineál go tréasúil, corruair ag roithleagadh, ag mealladh agus ag ionsaí a chéile agus cuma scáfar bhrionglóideach ina súile i rith an ama. Dar leat go bhfuil mianta agus tnúthán agus domlas á gcoipeadh i gcoire mór deamhanta na fo-chomhfheasa agus nach fios cad é an t-ainbheart agus an drochmhéin a chaithfear amach as. Ach má tá contúirt ann, tá sé álainn meallacach agus ní thig gan géilleadh go hiomlán dó.

Ní i gcónaí a bhíonn sé mar sin, ar ndóigh. In amanna ní léir duit ach an teagmháil bhrúidiúil amhlánta idir choirp, maoil feola ag sluparnach i léinte atá báite in allas, ladhra á meilt agus murnáin á leonadh, cuislí móra ag gobadh amach as muiníl mar a bheadh cáblaí leictreachais ann. Ní déarfá choíche gur an cluiche céanna é. Ach is nuair a fheicim samhail den pheil eipiciúil a smaoiním ar Oilibhéar Puirséil. Tá sé ag teacht isteach agus amach as m'intinn le corradh le ráithe mar a bheadh stocaire ann atá ag sleamhnú isteach agus amach as mo theach sula dtig liom forrán a chur air.

Nuair a d'imrímid peil ar scoil bhí Oilibhéar cosúil le Dia nó, ar a laghad féin, naomh de chineál éigin, ag gluaiseacht trí na himreoirí go taibhsiúil agus ag carnadh suas na gcúl. Bhí sé dostoptha doleonta domharfa. Agus nuair a chonaic tú i lár cluiche é bhí sé cosúil le bheith i láthair rud beannaithe.

Ní fhacthas Oilibhéar Puirséil le tamall. Ní raibh a fhios ag aon duine cá raibh sé nó cad é a bhí sé a dhéanamh, ach nár chuma? Cibé áit a raibh sé bhí sé in uachtar an tsaoil, ag bogadh trí dhaoine mar a bheadh an Spiorad Naomh ann. Ní raibh ann ach mé féin a bhí rud beag míshuaimhneach ina éagmais. Níl mé ag rá go raibh cairdeas mór ar bith eadrainn riamh ach ina dhiaidh sin, d'fheictí corruair ar an tsráid é agus ní fhaca mise nó duine ar bith eile le tamall é. Bhí leisce orm dul a chuardach nó ní raibh aon bhaint agam leis dáiríre.

B'éigean dom smaoineamh ar dhóigheanna lena ainm a lua i gcomhrá le daoine eile, féacháil le heolas éigin a fháil — an scéal a tharraingt ar chúrsaí peile nó ar sheaneachtraí na scoile. Ach ní raibh eolas ar bith le fáil. Bhí an rud do mo chrá agus ba mhaith liom bheith réidh leis.

Lean mé orm á chuardach go discréideach, ar an idirlíon agus a leithéid, go dtí go raibh orm a admháil nach le hOilibhéar Puirséil a bhain an cuardach seo ach liom féin. 'Aithním,' arsa mise liom féin, 'gur an éiginnteacht a bhuaileann daoine fásta corruair is cúis leis an chrothnú seo atá mé a chur in Oilibhéar, ach níl a fhios agam cad é an leigheas atá air. An é go mbíonn an fo-chomhfhios ag siúl trí dhufair dhorcha ar feadh do shaoil, gan eolas an bhealaigh aige, ag tuisliú agus ag titim i bpoill gach ré seal? Nó an bhfuil treoir éigin aige a choinníonn sé ceilte ar an chuid eile den aigne agus an é an rud a dhéanann sé, go fírinneach, titim isteach sna poill seo d'aonturas?' Lig mé do na ceisteanna sin uilig soipriú isteach i m'intinn mar i ndúil is go dtiocfadh freagraí orthu le himeacht aimsire. Ba san fhómhar a tharla seo, más tarlúint a bhí ann — ceist nach n-imeodh as an chasán, ag cur bac ar thrácht na hintinne.

Chaith mé oícheanta ag éisteacht leis an chlog ar shéala go dtolgfainn cinnteacht sin an tic teaic. Ach ní raibh gar ann. Bhí mé ag brú ar dhoras a bhí róthrom. D'imir mé peil gach seachtain agus mhothaigh mé an tairseach neamhaí romham anois is arís mar a mhothaigh roimhe. I dtaca le hOilibhéar Puirséil, ní raibh ann ach scáile i m'intinn. Ansin, tamall roimh an Nollaig tharla grianstad beag míorúilteach a lig léaró beag solais isteach nár mhothaigh mé roimhe. Thuig mé go raibh mé ag amharc san áit chontráilte, go raibh mé ag dúil le freagra mór amháin fá Oilibhéar Puirséil, an crothnú a chuir mé ann, an fo-chomhfhios sa dufair agus luaineacht neamhaí na peile agus an mearbhall sin uilig go léir. Thuig mé gur den oiliúint agam é mo mhuinín a chur in aon fhreagra amháin, in aon ghluaiseacht amháin, in aon Dia amháin nuair ba é rud é nach bhféadfainn bheith beo mar sin. Thuig mé go raibh níos mó ná aon Dia amháin de dhíth orm, olc maith liom é, agus thuig mé go raibh an ceart ag ár sinsear. Is é a bhí uainn, dar liom, tuilleadh Déithe a earcú agus a cheapadh: Dia na hÓige, Dia an tSamhraidh, Dia an tSolais, Dia na Timpeallachta, Dia na Córa agus Dia na Peile féin. Nach sin an gnás a bhí ag na seandaoine — paidir a rá leis an iliomad naomhphátrún a raibh a chúram féin ar achan duine acu? Bhí sé thar am againn deireadh a chur leis an mhonaplacht a bhí ag 'Dia' agus a gceart a thabhairt do na 'Déithe'. Bhí sé in am againn a ceart féin a thabhairt do gach eilimint den tsaol seo, gan neamart a dhéanamh i rud ar bith ach buíochas a ghabháil as an uile ruidín beag beannaithe.

Tharla rud eile an Nollaig sin. Ar mo bhealach isteach go lár na cathrach sa bhus dom, agus mé ag amharc amach ar an tslua a bhí ag ceannach bronntanas, d'aithin mé cloigeann mór maol i measc na gcéadta cloigne a bhí ar an tsráid. Bhí cóta mór fada ar an bhfear seo — é den chinéal nach bhfeictear go rómhinic sa tír seo, agus é chomh hard is go sílfeá gur duine é a bhí ina sheasamh ar bhosca ag seanmóireacht. Bhí na lámha in airde aige mar a bheadh sé ag míniú eachtra éigin don bheirt a raibh sé ag comhrá leo agus bhí a súile sin lán iontais. Bhí sé buille mall ach bhí sé ar ais inár measc.

I Láthair na hUaire

I Láthair na hUaire

Trí bliana ó shin a casadh Luíseach orm. Nuair a chastar duine mar sin ort tá sé mar a bheifeá i ndiaidh taibhse ó stair an chine dhaonna a fheiceáil ina steillebheatha — aithníonn tú ar an toirt iad agus, san am céanna, cuirtear scaoll ionat nuair a airíonn tú an rud atá i ndiaidh tarlú. Samhlaigh dá mbeifeá i do sheasamh ar thrá leat féin agus duine a lámh a chur ar do ghualainn, tú do chloigeann a thiontú thart agus Abraham Lincoln nó Pádraig Mac Piarais a fháil ina sheasamh romhat — samhlaigh an preab a bhainfí asat! Tá sé cosúil le duine a mhúscailt a bhí ag siúl as a chodladh. Agus, ar feadh seal ama ina dhiaidh sin, suaitear na ceimiceáin atá i do chorp agus i d'intinn sa dóigh go dtig claochlú iomlán fisiciúil ort agus bíonn a oiread imní ort go dteipfidh ort, nó nach bhfaighidh tú do mhian, go ndíolfá d'anam le leid éigin a fháil ar a bhfuil i ndán duit. Agus má bhíonn leat, gheobhaidh tú do mhian agus siúlfaidh tú isteach trí dhoras úr ag dúil le nach bhfillfidh tú go deo ar an saol a chaith tú roimhe sin. Níor mhaith liom dá dtarlódh sé sin níos mó ná uair amháin i saol duine — ach cá bhfios dom nach dtarlaíonn sé go tráth rialta do dhaoine áirithe. Níl a fhios agam ach gur shíob sé blaosc an chloiginn díomsa.

Cruthaíonn sé deacrachtaí duit. Ní bhíonn an t-am agat smaoineamh ar na rudaí agus ar na daoine atá tú ag dul a fhágáil i do dhiaidh, go díreach dá mbeadh agat leis an tír a fhágáil gan choinne agus gan dúil agat filleadh. An gréasán saoil a bhí agat go dtí sin, an léarscáil bheag a bhí agat, ní bhíonn feidhm leis feasta. Ní bhíonn an t-am agat clabhsúr a chur le rudaí, slán a fhágail ag daoine agus ag na gnásanna a bhí agat leo. Tá a fhios agat an rud atá mé a mhaíomh, cluinfidh tú comhrá ar an bhus: "ní fheicim x in am ar bith na laethanta seo, tá sé nó sí i ngrá." B'fhéidir gur sin an chiall atá le scéal Dhiarmada agus Ghráinne — an teitheadh ón saol a thig leis an ghrá idir beirt, imirce an ghrá. B'fhéidir nach raibh aon duine sa tóir orthu ach gur ag seachaint an chuid eile den tsaol a bhí siad. Agus níl amhras ach go n-aimsíonn an bheirt atá i ngrá a gcrónna beaga folaithe in achan áit mar a rinne Diarmaid agus Gráinne.

Ach ní dócha gur dul i bhfolach ar chor bith an obair atá orthu ach a mhalairt, déarfainn gur ag aimsiú crónna beaga folaithe a chéile atá siad i rith an ama mar a bheadh arm ionraitheoirí ag déanamh slad ar bhailte beaga réabhlóideacha. Ansin, nuair amháin atá achan bhall coirp agus achan chró folaithe atá san intinn tugtha suas acu dá chéile, síothlaíonn buile an ghrá rud beag nó go dtig 'an lánúin' ar an tsaol, beirt ar aonad amháin iad, nó geall leis, cumann rúnda mistéireach neamhspleách — macasamhail dhaonna na tríonóide ach gan foirfeacht na tríonóide ann.

D'fhéadfá a rá gur chruthaigh sé deacrachtaí domsa! Is fear 'óg' mé. Fear óg a bhfuil plean aige atá sé á shíordhréachtú, in amanna á stróiceadh ina bpíosaí, in amanna á fhágáil gan forbairt le gach babhta leisce nó díomhaointis nó sonais a thagann air. Ní fiú trácht anseo ar na téamaí atá sa phlean — ní hiad is tábhachtaí — is é is fearr dúinn a dhéanamh ná a rá gur fear óg mé a bhfuil rud éigin i gcónaí ag dó ann. Nuair a mhúsclaím ar maidin bíonn sé sa phatrún atá ar an tsíleáil agus nuair a théim a luí san oíche bíonn sé ag stánadh isteach orm tríd an fhuinneog. Nuair a ólaim deoch nó dhó tuigim gur amaidí atá orm agus ligim racht fada gáire asam agus mé ag múnadh suas balla éigin. Ach ar maidin bíonn sé ar ais arís mar a bheadh leannán ann a bhfuil smut uirthi agus a mbeidh orm bláthanna a cheannach di lena cealgadh ar ais chugam. Níl a fhios agam cad é an deireadh a bheas air ach tá a fhios agam nach raibh áit ar bith aicise sa 'phlean' agus mura raibh, is cinnte nach raibh áit ar bith agatsa ann! Ach níl gar a bheith ag caint. Tá sé déanta agus tá an doras eile sin druidte i mo dhiaidh.

Trí bliana ó shin a casadh Luíseach orm agus tá sé anois fiche bomaite ó d'imigh sí le torthaí an scrúdaithe a fháil. Fágann sin uair an chloig agam, ar a mhéad, sula n-imeoidh an plainéad seo as aithne orm arís. Uair an chloig sula gcuirim craiceann eile díom nó go n-athróidh mé as éadan arís eile. Sin an gnó atá agam anois, cuntas a thabhairt ar an duine is mé i láthair na huaire sula dtig claochú eile orm.

Is cosúil gur sin a bhfuil i ndán don 'fhear óg' san am i láthair — bheith síobtha ar shiúl ag cibé taisme a thagann an bealach, ar éidreoir sa tsaol, cuid againn níos measa ná a chéile, cuid againn atá ag imeacht gan choinne, ag titim le faill. Is cinnte go bhfuil siad ann atá ag treabhadh leo, iad sin atá ag déanamh a saibhris, ach is ar an mhuintir sin a bhfuil coinsias acu atá mise ag trácht, cibé áit sa domhan a mbíonn siad — an mhuintir sin a bhfuil a gcoinsias ag luí orthu mar a bheadh buataisí coincréid orthu. Ach ina dhiaidh sin uilig níl a fhios agam an raibh an fear óg coinsiasach riamh ar a shuaimhneas sa tsaol seo. Agus sin anois an deacracht, sin anois agat croí mo cheiste: cad é atá mé ag dul a dhéanamh leatsa mura bhfuil a fhios agam cad é atá mé ag dul a dhéanamh liom féin?

Tá cara agam a bhfuil sé de nós aige, nuair atá sé i gcruachás den chineál seo, é féin a dhéanamh réidh le himeacht chun an aerfoirt, an chéad eitilt a fháil go Londain agus as sin amach go *Saudi Arabia*, áit a ndéanfaidh sé a shaibhreas. *Saudi Arabia*! Fear a d'ólfadh biotáille amach as triuch muice ... Ar ndóigh, tá sé anseo go fóill. Ní raibh sé sa duine imeacht ar chor ar bith, mo dhála féin. Cibé acu a bhí mise ró-cheannláidir le himeacht ón tsáinn ina raibh mé nó a bhí mé i mo phríosúnach i m'intinn féin, ní fhéadainn imeacht — go dtí seo ar a laghad féin. Agus na goineoga beaga a fhaigheann anam duine in áit mar seo, lig mé dóibh carnadh suas agus spréadh mar a bheadh dreancaidí ar mhadadh, go dtí nach dtiocfadh liom an saol a shamhlú gan iad. Go dtí ar na mallaibh, ba í an pholaitíocht a chuireadh mo chraiceann ag dó, ach anois is rud níos leithne agus níos gaire dom ná sin é, mar atá, an ré seo ina mairimid agus gach rud a bhaineann leis.

Rinne mé brionglóid cúpla oíche ó shin nach ndearna mé ó bhí mé i mo pháiste — tá slua mór daoine ag deifriú leo suas staighrí móra i bhfoirgneamh mór de chineál éigin. Tá driopás ar achan duine acu agus mise ina measc ag iarraidh teacht ar mo chlann nó ar mo dhaoine muinteartha ach gan iad a bheith ann. B'fhéidir gurbh iad na *bombscares* an t-údar a bhí leis an bhrionglóid i mo pháiste dom, nó tharlaíodh sé go minic, dá mbeifeá i siopa mór i lár an bhaile, nó ar an scoil féin corruair, go gcuirfí achan duine amach go tobann dá mbeadh rábhadh ann fá bhuama. Bhímid cosúil le dídeanaithe inár dtír féin, muid ár ruaigeadh ó áit go háit ach os a choinne sin bhímid uilig le chéile, sa tsruth daonna sin ag bailiú linn as áiteanna agus ag cruinniú amuigh ar na sráideanna ina dhiaidh sin. Thagadh deireadh tobann le cibé gnó a bhí ar siúl, siopadóireacht na Nollag, ceacht mata. Tráthnóna amháin i dtús an tsamhraidh cuireadh amach as an scoil muid, ar ócáid mar seo, agus chaith muid a raibh fágtha den lá scoile inár suí ar bhruach féir mar a bheadh scaoth gealbhán ann. Cibé fá na huafáis, bhí an saol luaineach scaipthe gan aon réamhinsint air, murab ionann is anois.

Ar bhealach cosnaíodh muidne, sa bhaile seo, ar leimhe na nua-aoise, nó tógadh muid i mbolgán beag dár gcuid féin inar éirigh an 'cheist náisiúnta' achan mhaidin os ár gcionn, gan néal ná scamall idir muid agus í go ham luí. Ba dhoiligh do dhaoine eile sin a thuiscint ach dá chrua a théadh sé orthusan a thuiscint is ea is mó a ghoilleadh sé orainne go raibh siad dall ar an saol a bhímid a chaitheamh. Olc is uile mar a bhí sé, chuir an fochultúr beag dáigh sin miotal inár gcroíthe nach féidir a lúbadh ná a leá. Sin an fáth a seasaimid mar a bheadh dealbha ann nuair atá an t-amhrán náisiúnta á cheol. Agus an bhfuil a fhios agat, dá laghad ciall atá leis, b'fhearr liom bheith ar an dóigh sin i gcónaí — b'fhearr liom ligean don bhuile sin mo chorp agus m'intinn a thabhairt léi gach aon uair ná tabhairt isteach don réasún. Is dóigh liom gur ar an ábhar sin is fusa liom insint duit cé muid ná insint duit cé mé.

Tá mé ag fanacht le Luíseach agus tá mé i mo sheasamh anois ag amharc amach ar an tsráid. Tá carranna páirceáilte ar an dá thaobh agus deora móra uisce ina luí go drúisiúil orthu mar a bheadh siad ina luí ar dhuilleog ramhar lonrach. Tá an mothú sin agam a fhaighim corruair go bhfuil an t-am ag dul thart agus nach dtig é a stopadh nó go bhfuil eochair an domhain caillte agus gur cuma leis an domhan ann nó as muid. Sin agat scaradh an duine agus an nádúir, is dóigh liom, agus mothaím sin go láidir anois. B'fhéidir nach léir dúinn ach corruair é, dála urú gealaí nó gréine. Ach tá a fhios agam go bhfuil réalta éigin in áit anois a chuirfeas mise as mo riocht go buan agus ní ag doicheall roimhe atá mé ach a mhalairt. Tá m'intinn ar snámh sa bhomaite bheag mhíorúilteach seo, gníomh an chomhfheasa ag fáil treise ar an mhearbhall — tá mé mar a bheadh duine óg ar bith ann ag caint le duine óg eile a bhfuil a sheal anois ag tosú.

AR FÁIL TRÍ'N bPOST Ó MhÓINÍN

Tá na leabhair seo leanas ar fáil trí'n bpost ó MhÓINÍN ar na praghasanna thíosluaite (móide costas an phostais)* ach teagmháil a dhéanamh le MÓINÍN ag MÓINÍN, Loch Reasca, Baile Uí Bheacháin [BALLYVAUGHAN], Co. an Chláir, nó glaoch ar (065) 707 7256.

Litir ó mo Mháthair Altrama	€8 agus postas
(ISBN 0-9532777-7-1)	
Goimh agus scéalta eile	€7 agus postas
(ISBN 0-9532777-4-7)	
Bolgchaint agus scéalta eile	€7 agus postas
(ISBN 0-9532777-3-9)	
Gafa	€8 agus postas
(ISBN 0-9532777-5-5)	
Sceoin sa Bhoireann	€8.50 agus postas
(ISBN 0-9532777-6-3)	
Hooked	€7.50 agus postas
(ISBN 0-9532777-1-2)	
Heart of Burren Stone	€10 agus postas
(ISBN 0-9532777-2-0)	
Terror on the Burren	€8.50 agus postas
(ISBN 0-9532777-0-4)	
Ecstasy and other stories [Seanstoc srianta]	€5 agus postas

* Lacáiste 10% do scoileanna ar orduithe os cionn 20 cóip.

ÁBHAR LE TEACHT AR CD I 2005

Gafa: An t-úrscéal á léamh ag an údar Ré Ó Laighléis agus agallamh á chur air ag aoi-agallamhóir faoin scéal.

BOLGCHAINT agus scéalta eile: Na scéalta á léamh ag an údar agus plé bhunús, shíol agus cheardaíocht na scéalta le haoi-agallamhóir.

GOIMH agus scéalta eile: An t-údar féin ag léamh scéalta an chnuasaigh agus á bplé, scéal ar scéal, le haoi-agallamhóir, idir inspioráid agus théamaí agus shaothrú.